Kohlhammer

Kohlhammer Trilogien

Herausgegeben von Jörg Armbruster

Die anderen beiden Bände der Trilogie „Von Krieg und Frieden", Pascal Beucker: *Pazifismus – ein Irrweg?* und Hartwig von Schubert: *Den Frieden verteidigen*, finden Sie unter:

https://shop.kohlhammer.de/trilogien

Der Autor

Dr. Jochen Hippler ist Politikwissenschaftler und Friedens- und Konfliktforscher. Zu seinen Hauptarbeitsgebieten gehören Gewaltkonflikte aller Art (Krieg, Aufstände, Terrorismus usw.) und ihr Zusammenhang mit politischen Identitäten und Governance. Seine regionalen Hauptinteressen sind der Nahe und Mittlere Osten sowie Afghanistan und Pakistan.

Jochen Hippler lebt in Duisburg. Website: https://www.jochenhippler.de

Jochen Hippler

Logik und Schrecken des Krieges

Verlag W. Kohlhammer

Dieses Werk einschließlich aller seiner Teile ist urheberrechtlich geschützt. Jede Verwendung außerhalb der engen Grenzen des Urheberrechts ist ohne Zustimmung des Verlags unzulässig und strafbar. Das gilt insbesondere für Vervielfältigungen, Übersetzungen, Mikroverfilmungen und für die Einspeicherung und Verarbeitung in elektronischen Systemen.

Dieses Werk enthält Hinweise/Links zu externen Websites Dritter, auf deren Inhalt der Verlag keinen Einfluss hat und die der Haftung der jeweiligen Seitenanbieter oder -betreiber unterliegen. Zum Zeitpunkt der Verlinkung wurden die externen Websites auf mögliche Rechtsverstöße überprüft und dabei keine Rechtsverletzung festgestellt. Ohne konkrete Hinweise auf eine solche Rechtsverletzung ist eine permanente inhaltliche Kontrolle der verlinkten Seiten nicht zumutbar. Sollten jedoch Rechtsverletzungen bekannt werden, werden die betroffenen externen Links soweit möglich unverzüglich entfernt.

Umschlagabbildung: © zignal_88/Shutterstock.com

1. Auflage 2024

Alle Rechte vorbehalten
© W. Kohlhammer GmbH, Stuttgart
Gesamtherstellung: W. Kohlhammer GmbH, Stuttgart

Print: ISBN 978-3-17-043429-5

E-Book-Formate:
pdf: ISBN 978-3-17-043430-1
epub: ISBN 978-3-17-043431-8

Print-Paket der Trilogie „Von Krieg und Frieden":
ISBN 978-3-17-044695-3

Inhalt

Vorwort des Herausgebers 7

Einleitung 11

„Krieg" – Worüber reden wir eigentlich? 15

„Sinnlose" Kriege? – Warum es Kriege gibt,
obwohl sie so zerstörerisch sind 21

„Ewige" Kriege? – Krieg in der Geschichte 35

Krieg und Völkerrecht 59

Die Logik des Krieges 71

„Heldenhafte" Kriege? – Ideologie, Propaganda
und Illusionen 97

Krieg, Technik und Waffen 111

Kriegsfolgen 131

Wie und warum Kriege enden 139

Die Zukunft des Krieges 153

Literatur 181

Vorwort des Herausgebers

Der 24. Februar 2022. An diesem Tag geschieht etwas, was die meisten Europäer für undenkbar gehalten haben: Russland überfällt die Ukraine. Ein Angriffskrieg gegen ein Nachbarland mitten in Europa. Der erste seit Ende des Zweiten Weltkriegs. Die Empörung ist groß. Zu Recht. Die Sorge, in diesen militärischen Konflikt hineingezogen zu werden, aber auch. Ebenfalls zu Recht. Schließlich ist der Aggressor eine Atommacht, die gleich zu Beginn des Krieges und seither immer wieder mit dem Einsatz der Bombe gedroht hat. Feststeht jedenfalls: Putin hat die in Europa inzwischen zur Selbstverständlichkeit und daher vielleicht auch bequem gewordene Friedensordnung der vergangenen Jahrzehnte schlagartig zerstört. Wohin Europa nach diesem Tabubruch steuert? Auch heute weiß das niemand wirklich.

Von Anfang an war klar: Die Ukraine wird nur dann nicht zur schnellen Beute Putins werden, wenn die NATO sie massiv unterstützt. Kriegspartei jedoch dürfe das Westbündnis nicht werden, das beeilten sich die Politiker der Mitgliedsländer sofort zu betonen. Es bleibt also ein riskantes Unterfangen, auf das sich die europäischen Regierungen und die USA einlassen müssen. Wo verläuft die rote Linie, die nicht überschritten werden darf? Niemand weiß es genau. Und dennoch – von der ersten Kriegswoche an liefern sie dem angegriffenen Land Waffen.

In Deutschland haben dieser Angriffskrieg und die westlichen Reaktionen die Bevölkerung einmal mehr gespalten. Die wenigsten sympathisieren ernsthaft mit Putin. Bei der Frage der Waffenlieferungen an die Ukraine allerdings ist die Stimmung weniger klar: Im Januar 2024 gaben laut ARD-Deutschlandtrend 36 % der befragten Bürger an, die Lieferung von Waffen ginge ihnen zu weit, 21 % meinen, nicht weit genug, 35 % hielten den gegenwärtigen Umfang für angemessen. In den ostdeutschen Bundesländern gibt es dagegen eine deutliche Ablehnung der Waffenlieferungen. Dort sagen fast zwei Drittel der vom MDR im Juli 2023 Befragten „Nein" zur militärischen Unterstützung der Ukraine durch die NATO. Für sie gilt: „Krieg? Nicht mit uns!"

Nicht zuletzt der Ukrainekrieg und unser Umgang damit sind Anlass, in dieser Trilogie aus drei Perspektiven über Krieg und Frieden nachzudenken. Die drei Bücher können unabhängig voneinander gelesen werden, bilden aber zusammen eine Einheit.

Im ersten Band, *Logik und Schrecken des Krieges*, geht Jochen Hippler der Frage nach, warum es überhaupt immer wieder Kriege gibt. Jeder weiß doch, selbst bei einem Sieg steht der Angreifer als ein von Zerstörungswut und Habgier getriebener Barbar da, der auch über sein eigenes Volk mehr Elend und Leid gebracht hat als Nutzen. Aber stimmt das eigentlich? Wenn es keinen Nutzen gäbe, dann gäbe es auch keine Kriege, schreibt Hippler. Die allseits bekannten Schrecken des Krieges reichen nicht aus, um sie zu verhindern. Warum Kriege geführt werden, wie sie geführt werden und wann sie enden, folgt einer eigenen Logik.

Wären passiver Widerstand, gewaltfreie Aktionen und Verhandlungen die besseren Antworten auf den russischen Angriff gewesen, wie es bundesdeutsche Pazifistinnen wie Alice Schwarzer, Sahra Wagenknecht und Margot Käßmann schon kurz nach Kriegsbeginn den Ukrainern empfohlen hatten? Verhandlungen, koste es, was es wolle, statt Selbstverteidigung? Wem nützen solche Forderungen? Den Ukrainern oder gar Putin oder doch nur dem Wohlbefinden der „blauäugigen Träumer vom ewigen Frieden"? *Pazifismus – ein Irrweg?*, fragt daher der taz-Redakteur Pascal Beucker im zweiten Band der Trilogie. Zwar entsprach Pazifismus nie dem Zerrbild naiver Träumerei, aber kann er wirklich Kriege verhindern oder wenigstens beenden?

Wie also muss Sicherheit in Zukunft gedacht werden, was verlangt das fraglos legitime Schutzbedürfnis der Bürger von jedem Einzelnen? Eine 100 Milliarden teure Aufrüstung der Bundeswehr hat die Bundesregierung beschlossen. Frieden schaffen mit immer mehr Waffen? Mehr Panzer, bessere Kampfflugzeuge, weitreichendere Raketen? Ist es tatsächlich sinnvoll eine derartig gewaltige Summe in Sicherheit zu investieren? Zeit jedenfalls, grundsätzlich über die gesellschaftspolitischen und internationalen Grundlagen von Frieden und Sicherheit nachzudenken. Seit Jahrtausenden beschäftigen sich Philosophen mit diesen Fragen, schließlich gab es nie eine Zeit ganz ohne Kriege. Ist es dennoch möglich, eine friedliche Weltordnung zu schaffen? Ein weltweit geltendes Rechtssystem, dem sich die Staaten unterwerfen müssen, um miteinander in Frieden zu leben?

Nach den beiden verheerendsten Kriegen des 20. Jahrhunderts versuchte es die Völkergemeinschaft: Sie gründete 1945 die Vereinten Nationen, um „den Weltfrieden und die internationale Sicherheit zu wahren", wie es in ihrer Charta heißt. Mit wenig Erfolg, wie wir heute wissen. Im Gegenteil: Heute scheinen wir einem dritten Weltkrieg näher als einem „ewigen Frieden". Diese düstere Zukunftsvision bestätigen auch vier renommierte deutsche Friedens- und Konfliktforschungsinstitute in ihrem jüngsten *Friedensgutachten*: Es drohe geradezu ein alles zerstörender Orkan. Daher plädieren auch diese eigentlich der Friedensbewegung nahestehenden Institute für eine härtere konventionelle Abschreckung als Ergänzung zu Friedensbemühungen auf diplomatischer Ebene. Das Wort „kriegstüchtig" würde vermutlich keiner der Forscher in den Mund nehmen, dennoch bestätigen sie den Kurs der Aufrüstung, den die Bundesregierung nach dem russischen Überfall auf die Ukraine eingeschlagen hat. In genau dieser Richtung entwickelt auch Hartwig von Schubert seine Argumente und Impulse im dritten Band *Den Frieden verteidigen*.

Keiner der drei Bände bietet endgültige Lösungen an. Die Fragen um Krieg und Frieden sind komplex und herausfordernd, einfache oder gar schnelle Antworten zu aktuellen Konflikten verbieten sich. Die Trilogie versteht sich also nicht als Ratgeber in unsicheren Zeiten, sondern als Stichwortgeber für offenen Dialog und mit gesichertem Wissen angereicherte Debatten. Denn die brauchen wir dringender denn je, um Politik besser zu verstehen, um uns im Dschungel der Sozialen Medien besser zurechtzufinden, um Fakes zu durchschauen und schließlich um in unserer Demokratie mitreden und sie mitgestalten zu können.

Stuttgart, im Juni 2024   Jörg Armbruster

Einleitung

Krieg ist brutal und zerstörerisch. Er hat allein im 20. Jahrhundert wohl mehr als 200 Millionen Menschen das Leben gekostet und fast unendliches Leiden hervorgebracht. Bilder der zerstörten Städte Hiroshima, Aleppo, Dresden, Stalingrad, Mariupol oder der ungezählten namenlosen Dörfer sprechen eine deutliche Sprache. Verstümmelungen, Massenvergewaltigungen und posttraumatische Belastungsstörungen haben zahllose Menschenleben zerstört, auch ohne sie direkt zu beenden. Trotzdem ist es der Menschheit bis heute nicht gelungen, den Krieg zu überwinden und ihn auf den Müllhaufen der Geschichte zu befördern, wie dies etwa mit der Jahrtausende alten Sklaverei – mehr oder weniger – gelungen ist. Und nachdem die meisten Kriege während des Kalten Krieges in der „Dritten Welt" geführt wurden, sind sie inzwischen wieder in Europa angekommen: Die Auflösungskriege des ehemaligen Jugoslawiens in den 1990er Jahren und nun der russische Krieg gegen die Ukraine (seit 2014, massiv seit 2022) unterstreichen dies.

Krieg ist kein einheitliches Phänomen, sondern hat einen vielfältigen Charakter. Auch historisch ist er höchst wandelbar und hat seinen Charakter in den letzten Jahrzehnten und Jahrhunderten immer wieder dramatisch geändert. Die unterschiedlichen Facetten und Wandlungen seines Charakters zu begreifen, ist nicht allein für sein Verständnis bedeutsam, sondern auch für die praktische Frage, wie Kriege und andere Gewaltkonflikte verhindert oder beendet werden können.

Ein Problem besteht darin, dass vieles im Umfeld des Krieges nebelhaft bleibt. Zumindest seit wir über schriftliche Aufzeichnungen verfügen, war die Geschichte Europas und der angrenzenden Regionen eine Geschichte der Kriege. Schriftsteller, Historiker, Generäle, und einfache Menschen haben über bestimmte Kriege berichtet oder über „das Wesen des Krieges" nachgedacht. Vieles davon war parteiisch, verklärend oder reine Propaganda, vieles sollte vor allem dazu dienen, eine Politik oder das eigene Verhalten zu rechtfertigen. Schon generell dürfen historische Quellen nicht zum Nennwert genommen, sondern müssen kritisch überprüft werden. Aber im Falle von Kriegen gilt dies noch viel mehr. Der Satz: „Das erste Opfer des Krieges ist die Wahrheit", hat meist seine Berechtigung. So ist es gar nicht selten, dass die Zahl der Soldaten in einer historischen Schlacht um das Zehn- oder gar Hundertfache zu hoch angegeben wurde. Manchmal ging es darum, die eigenen Leistungen zu betonen, indem die Zahl der Gegner übertrieben wurde. In anderen Fällen, insbesondere vor der Bürokratisierung des Krieges seit der Neuzeit, hatten selbst die Feldherren nur eine ungefähre Vorstellung über die eigene Truppenstärke und wussten noch viel weniger über die des Gegners. Ähnliches gilt für Zahlen zu den Opfern eines Krieges, die Verluste, Verletzten oder Desertierten. Noch heute können wir manches nur schätzen oder vermuten. So schwanken die Angaben über die Zahl der Todesopfer des Irakkrieges (2003–2012, oder noch einige

Jahre darüber hinaus) zwischen etwa 160.000 und mehr als einer Million. Und wenn es um die Gründe und Absichten eines Krieges geht, sind Beschönigungen, Propaganda und Lügen erst recht an der Tagesordnung, auch heute noch.

Andere Dinge dagegen sind sehr klar: Wir wissen, dass große und kleine Kriege in Europa sehr häufig, oft fast der Normalzustand waren. Natürlich wurde nicht am gleichen Ort immer und pausenlos gekämpft – aber wenn irgendwo in Europa ein Krieg erschöpft war oder beendet wurde, dann dauerte es selten lange, bis an anderer Stelle neue Kriege ausbrachen. Wir wissen auch, dass es sehr unterschiedliche Arten von Kriegen gab und gibt – neben kleinen, räumlich begrenzten militärischen Auseinandersetzungen zwischen zwei Kleinstaaten (oder früher Stämmen) gab es lang andauernde, großflächige Kriege mit hunderttausenden oder mehr Kämpfern aus zahlreichen Staaten oder Regionen. Außerdem wurden Kriege auf sehr verschiedene Weise geführt. Schließlich wissen wir, dass Kriege insgesamt von einschneidender Bedeutung für die Gesellschaften waren. Der Dreißigjährige Krieg (1618–1648) beispielsweise führte zum Tod von einem Drittel der Bevölkerung Mitteleuropas und zur Verwüstung großer Regionen.

Dieses Buch bemüht sich darum, den Charakter des Krieges, seine unterschiedlichen Arten, Ursachen und Folgen zu erläutern. Dabei soll es nicht darum gehen, gefühlvoll die Schrecken des Krieges auszumalen, so real diese auch sind. Ebenso wenig geht es darum, Kriege zu verharmlosen oder zu rechtfertigen. Stattdessen wollen wir versuchen, den Leserinnen und Lesern Informationen und Zusammenhänge an die Hand zu geben, um in der Flut der aktuellen Berichterstattung die Kriege und militärische Gewalt selbst einschätzen und bewerten zu können. Strategien, den Krieg zu vermeiden, zu beenden oder ganz zu überwinden, diskutiert dieses Buch nicht – das geschieht teils in den anderen beiden Bänden dieser Trilogie. Aber auch für diese praktische Absicht sollte man den Charakter von Krieg zuerst gut kennenlernen. Auf dieser Grundlage kann man sicher zielgerichteter gegen ihn argumentieren oder ihm entgegentreten.

Ein kurzes Buch wie dieses kann einen Überblick über ein so komplexes Thema wie „Krieg" geben, sollte aber nicht versuchen, alle seine Aspekte zu behandeln. An vielen Stellen können wichtige Dinge auch nur kurz angesprochen werden, ohne Platz für eine Vertiefung zu haben. Wer hier etwas vermisst, dem oder der sei mein etwas früheres, aber weit umfangreicheres Buch empfohlen: Jochen Hippler, *Krieg im 21. Jahrhundert. Militärische Gewalt, Aufstandsbekämpfung und humanitäre Intervention* (2019; es erschien auch eine Ausgabe der Bundeszentrale für Politische Bildung).

„Krieg" – Worüber reden wir eigentlich?

Der Begriff „Krieg" scheint klar und eindeutig. Militärische Einheiten kämpfen gewaltsam gegeneinander um den Sieg auf dem Schlachtfeld. „Krieg" ist das Gegenteil von „Frieden". Kaum jemand zweifelt daran, zu wissen, was ein Krieg ist. Aber so einfach ist es nicht. Auf der einen Seite hat Krieg heute einen schlechten Klang, und viele Kriegsparteien ziehen es vor, den Begriff zu vermeiden. So besteht die russische Regierung darauf, in der Ukraine keinen „Krieg" zu führen, sondern nur eine „militärische Spezialoperation". Wer diesen Krieg in Russland „Krieg" nennt, kann viele Jahre ins Gefängnis kommen. Auch in Deutschland gab es lange eine Tabuisierung des Kriegsbegriffs, wenn auch ohne Strafandrohung: Die Bundesregierung wie fast alle Parteien und Abgeordneten sprachen systematisch nicht vom Afghanistankrieg, sondern von „militärischer Stabilisierung" oder „militärischer Sicherung". So stellt sich die Frage, ob denn der Afghanistankrieg überhaupt ein „Krieg" oder etwas anderes war. Solche Debatten um den Kriegsbegriff wollen ihn aus propagandistischen oder legitimatorischen Gründen vermeiden, so wie man auch ein „Giftmülllager" lieber „Entsorgungspark" nennt. Anders ausgedrückt: Einer der Gründe, dass der Kriegsbegriff weniger klar ist, als wir uns das wünschen würden, liegt in seiner politischen Aufladung. Aber es gibt noch weitere Gründe.

Tatsächlich ist es nicht immer klar, was „Krieg" wirklich bedeutet. Denkt man Krieg im Gegensatz zum Frieden, dann scheint alles klar auf der Hand zu liegen – so wie Schwarz leicht von Weiß zu unterscheiden ist. Aber was ist mit den vielen Grautönen? Und wenn wir Krieg nicht vom Frieden, sondern von anderen Formen der Gewalt unterscheiden, dann stellen sich viele Fragen. Ist jeder gewaltsame Tod vieler Menschen immer Krieg? Was wäre dann mit Massakern oder mit Völkermord? Waren die Ermordung von 8000 Männern im bosnischen Srebrenica durch serbische Truppen (1995) oder die von vielleicht 800.000 meist ethnischen Tutsis in Ruanda durch die Hutu-Mehrheit (1994) Kriege? Falls mehrere Hundert Kämpfer verschiedener Stämme sich blutig bekämpfen, um die Viehherden der anderen Seite zu erbeuten – wäre das ein Krieg oder ein groß angelegter Viehdiebstahl? Wenn Drogenkartelle sich gegenseitig und die Polizei bekämpfen und Tausende von Menschen dabei sterben – wollen wir dies Krieg nennen? Ist „Terrorismus", wenn er besonders viele Menschen tötet, ein Krieg? War der deutsche Völkermord an den Herero und Nama, bei dem nach dem Aufstand von 1904 Zehntausende ohne Nahrung und Wasser durch das Militär in die Wüste Namibias getrieben wurden, um sie dort verdursten zu lassen, ein Krieg, auch wenn die Menschen nicht an Schussverletzungen, sondern an Hunger und Durst starben? Ähnliche Fragen könnten fast in beliebiger Zahl gestellt werden, und sie werden auch von Wissenschaftlern sehr unterschiedlich beantwortet. Manche bezeichnen fast jede Form von Gewalt in der Geschichte als „Krieg", andere lehnen dies ab und wenden strenge Kriterien an.

Eine erste wichtige Frage besteht darin, ob der Kriegsbegriff nur für die Gewalt durch (oder gegen) Staaten angewandt werden sollte oder ob auch nicht-staatliche Gruppen „Kriege" führen können. Sind „Bandenkriege" Kriege oder nur Kriminalität? Mit anderen Worten: Sollte man den Begriff des Krieges nur für militärische Auseinandersetzungen zwischen Staaten benutzen, oder wenn zumindest eine Kriegspartei ein Staat ist? Oder wäre eine solche Begriffsverwendung doch zu eng, vor allem weil in der menschlichen Geschichte Staaten eine relativ neue Erscheinung sind und sich erst in den letzten Jahrhunderten in ihrer gegenwärtigen Form fast allgemein durchgesetzt haben?

Die zweite zentrale Frage besteht darin, ob wir Krieg wirklich als grundsätzlichen Gegensatz zum Frieden betrachten wollen oder ob Krieg nicht eher nur ein Teil des breiten Spektrums von Gewaltmöglichkeiten ist. Zwischen völliger Gewaltlosigkeit und einem menschheitsvernichtenden Atomkrieg bestehen ja fast unendlich viele Schattierungen von Gewaltsamkeit und noch immer sehr viele Schattierungen dessen, was wir Krieg nennen können. Ein Stammeskrieg, der Amerikanische Unabhängigkeitskrieg (1775–1783), der Deutsch-Dänische Krieg (1864), der Sechstagekrieg (zwischen Israel und seinen arabischen Nachbarländern, 1967), der Afghanistankrieg (mehrere Phasen, insgesamt von 1979–2021) oder der Zweite Weltkrieg waren offensichtlich von sehr unterschiedlicher Intensität. Einen lokalen Stammeskrieg mit wenigen hundert Kämpfenden und einen strategischen Atomkrieg mit dem gleichen Begriff „Krieg" zu bezeichnen, mag leicht in die Irre führen, da sie kaum etwas gemeinsam haben, außer die Anwendung von Gewalt. Es stellt sich also die Frage, ob ein Begriff allein überhaupt ausreicht, um so Unterschiedliches zu bezeichnen. Nicht nur gibt es Gewalt, die kein Krieg ist, auch der Kriegsbegriff selbst sollte vielleicht besser ein Spektrum unterschiedlicher Gewaltarten- und Intensitäten bezeichnen, statt einen einheitlichen Gegensatz zum „Frieden" zu bilden. Carl von Clausewitz erinnert in seinem Klassiker *Vom Kriege* (1832) nicht umsonst daran, „daß der Krieg ein Ding sein kann, was bald mehr, bald weniger Krieg ist" – was auch bedeutet, dass er mal mehr oder weniger gewaltsam sein kann.

Drittens darf die Frage nicht übersehen werden, ob „Kriege" sich nicht nur in ihrer Größe und Gewaltintensität unterscheiden, sondern auch in ihrer Qualität, in ihrem Charakter. Vieles spricht dafür, dass ein „Bandenkrieg" nicht nur wesentlich kleiner dimensioniert ist als ein staatlicher, bürokratisierter Großkrieg, sondern auch grundlegend anderen Regeln folgt.

Nun ist es an der Zeit, in diesem Dschungel begrifflicher Unklarheiten zumindest einen vorläufigen Vorschlag vorzulegen, wie wir hier den Begriff „Krieg" verstehen wollen. Dabei liegt es auf der Hand, dass ein wichtiges Kriterium in seiner Gewaltsamkeit liegt. Darauf wurde ja bereits mehrfach hingewiesen. Wir wollen hier nur dann von einem Krieg sprechen, wenn *in größerem Umfang* Gewalt angewandt wird. Das Stockholmer Institut für Friedensforschung (SIPRI) hat dafür eine Schwelle von 1.000 Toten pro Jahr definiert – zweifellos willkürlich, aber pragmatisch nützlich. Und wollte man stattdessen 500 oder 2.000 Tote als Grenze festlegen, wäre dies offensichtlich genauso willkürlich. Was wir mit Begriffen wie „Cyberkrieg", „Wirtschaftskrieg" oder „Desinformationskrieg" bezeichnen, sind also für sich genommen keine Kriege; sie können aber zu Mitteln in einem Krieg werden.

Zweitens ist wichtig, dass wir nur dann von Krieg sprechen wollen, wenn es sich um *politisch legitimierte* Gewalt (etwa im Unterschied zu krimineller oder spontaner) handelt. Schon Clausewitz hat darauf hingewiesen, dass Krieg ein Mittel der Politik sei und ohne politische Absicht keinen Sinn mache. Tatsächlich ist Krieg kein Naturereignis, das über die Menschen hereinbricht, sondern wird begonnen und geführt, um gewaltsam bestimmte Ziele zu erreichen.

Drittens bedarf ein Krieg (im Unterschied etwa zu spontanen Gewaltausbrüchen, einzelnen Massakern usw.) einer gewissen, wenn auch kaum zu bestimmenden *zeitlichen Dauer*. Wenn ein größerer Gewaltakt mittags beginnt und abends bereits vorüber ist, dann mag es sich um schreckliche Gewalt handeln – aber es wäre kein „Krieg". Ähnliches gilt für ein *Mindestmaß an Organisation*. Wenn viele Einzelne wild die Säbel schwingen, dann kann das sehr blutig ablaufen, aber ein Krieg wäre es nicht. Krieg braucht Organisation, braucht koordinierte Kampfeinheiten, Munition, Nachschub, Planung. Ein unkoordiniertes blutiges Durcheinander ist kein Krieg.

Fassen wir zusammen: Wir wollen Krieg hier als organisierte und nicht nur kurzzeitig-spontane Form der politischen Gewalt begreifen, die eine bestimmte Mindestgröße (z. B. 1.000 Tote pro Jahr) überschreitet. Anders ausgedrückt: Wir sprechen hier von Krieg, wenn Gewalt in größerem Umfang und in organisierter Form zur Erreichung politischer Ziele eingesetzt wird.

Es liegt auf der Hand, dass diese Definition sehr breit und etwas abstrakt bleibt. Es gibt sehr viele Arten größerer Gewaltkonflikte, auf die unsere Definition zutreffen würde. Erinnern wir uns auch an unsere früheren Anmerkungen, dass „Krieg" wohl besser als Spektrum unterschiedlicher Gewaltformen anzusehen ist, nicht als einheitliches Phänomen. Es gibt nicht *eine* Art von Krieg, die leicht von *einer* Art des Friedens abzugrenzen wäre, sondern eine verwirrende Zahl unterschiedlicher Kriegsformen (und Arten des „Friedens") – deshalb wird die Breite unserer Definition dieser Situation gerecht. Dies bedeutet allerdings, dass wir uns zumindest die wichtigsten unterschiedlichen Typen von Kriegen näher ansehen müssen. Dazu systematisch später mehr – zunächst versuchen wir, uns noch einen besseren Überblick über das Phänomen „Krieg" zu verschaffen.

„Sinnlose" Kriege? – Warum es Kriege gibt, obwohl sie so zerstörerisch sind

Häufig sprechen die Medien von „sinnloser" Gewalt, wenn von Terroranschlägen oder Massakern die Rede ist. Ebenso oft hören wir, dass Kriege „völlig sinnlos" seien. „Sinnlose Gewalt" zerstöre ganze Städte und Landstriche, Tausende oder Millionen von Menschen werden „sinnlos" getötet. Es kann kein Zweifel bestehen, dass Kriege furchtbar, grausam, brutal und entsetzlich sind. Aber ob sie auch „sinnlos" sind, steht auf einem ganz anderen Blatt. Wir dürfen davon ausgehen, dass diejenigen, die einen Krieg beginnen, ihn sicher nicht für „sinnlos" halten – sonst würden sie ihn ja nicht anzetteln. Ein fremdes Land zu erobern, eine fremde Regierung gewaltsam zu stürzen, Bodenschätze wie Erdöl zu gewinnen, sich im eigenen Land als „stark", als „Held" oder Eroberer feiern zu lassen, sind nur einige Absichten, die zumindest dem Angreifer den Krieg als sinnvoll erscheinen lassen. Und auch die Angegriffenen halten ihren Verteidigungskrieg nur selten für „sinnlos": Wer Opfer eines Angriffskrieges wird, dem erscheint der bewaffnete Widerstand in der Regel als berechtigt und notwendig. Es gelte, die eigene Unabhängigkeit, das eigene Land, die eigene Lebensweise oder Kultur, die eigene Identität zu verteidigen – oder sogar die eigene Existenz. Man kann dann in vielen Einzelfällen darüber reden, ob die Zerstörungen und die menschlichen Opfer es wirklich wert waren – aber diese Frage lässt sich oft erst im Nachhinein beantworten. Natürlich ließe sich einwenden, dass in vielen Kriegen die Angreifer ihr Ziel nicht erreichten oder durch den von ihnen begonnenen Krieg ihre Macht verloren, anstatt gestärkt aus ihm hervorzugehen – oder dass die Angegriffenen trotz hoher Opfer unterlagen. Als die Nazis den Zweiten Weltkrieg als Eroberungs- und Ausrottungskrieg begannen, führte dieser nicht zu ihrer Weltherrschaft, sondern zu ihrem Untergang. Aber zu Beginn schien ihnen der Krieg als geeignetes Mittel, um ihre Machtinteressen und ideologischen Ziele durchzusetzen. Und der Kriegskoalition gegen die Nazis erschien der Krieg sicher nicht „sinnlos", sondern das einzige Mittel, sich gegen Aggression, Fremdherrschaft und Völkermord zu verteidigen. Wer wollte die Befreiung von Auschwitz oder den Sturz der Nazi-Diktatur „sinnlos" nennen? Und wer wollte annehmen, dies sei möglich gewesen, ohne den aufgezwungenen Krieg erfolgreich zu Ende zu führen?

Wenn wir hier davor warnen, Kriege als „sinnlos" zu bezeichnen, müssen zwei wichtige Punkte ergänzt werden. Erstens kann dies offensichtlich nicht bedeuten, dass Kriege prinzipiell „sinnvoll" oder vernünftig wären. Kaum etwas könnte falscher sein. Die Weltgeschichte wimmelt von Kriegen, bei denen man sich unwillkürlich fragt, ob die Kriegführenden denn bei Verstand gewesen sein können. Aber die Frage nach Sinnhaftigkeit oder Sinnlosigkeit ist oft irreführend, wenn es darum geht, die Beweggründe eines Krieges zu verstehen. Als beispielsweise der irakische Diktator Saddam Hussein im Jahr

1980 das Nachbarland Iran überfiel, war er sich seiner Sache sehr sicher: Der Iran war durch die kurz zuvor erfolgte Islamische Revolution nachhaltig geschwächt und international isoliert, sein Militär erschien kaum noch funktionsfähig, da viele Offiziere ermordet worden oder ins Ausland geflüchtet waren. Durch einen Blitzkrieg dem Iran die an den Irak grenzende Ölprovinz Khuzistan zu entreißen, in der ohnehin die meisten Menschen Arabisch sprachen, nicht Persisch, schien sehr verführerisch. Dieses Kalkül scheiterte sehr gründlich. Bald erwies sich der iranische Widerstand als erstaunlich zäh – die Motivation der Iraner zur Verteidigung ihres Landes war groß, und die politische Führung war bereit, die waffentechnische Unterlegenheit durch ihre größere Bevölkerung und immer mehr „menschliche Wellen" auszugleichen. Auch die internationale Situation schätzte Saddam Hussein falsch ein. Zwar wurde er von den meisten arabischen Ländern politisch oder finanziell unterstützt, aber darüber hinaus wollte kaum jemand einen Erfolg der irakischen Aggression. Gerade die USA, deren Botschaft in Teheran von „revolutionären Studenten" besetzt worden war, waren mehr an einem gegenseitigen Ausbluten beider Kriegsparteien interessiert als an einem Sieg des Irak. Sie unterstützen diskret immer diejenige Seite, die gerade unterlegen erschien, mal den Irak, mal den Iran.

    Es liegt auf der Hand, dass sowohl ein Angreifer als auch Verteidiger zu Beginn eines Krieges davon überzeugt sind, dass die Führung des Krieges in ihrem Interesse liegt, also „sinnvoll" ist. Sonst käme es gar nicht zum Krieg. Das sind allerdings subjektive Annahmen oder Überzeugungen, die sich später als richtig oder falsch erweisen können. Solche Einschätzungen sind stets Abwägungen zwischen den erhofften „Vorteilen" eines (erfolgreichen) Krieges – wie Prestige, Land, Macht, Bodenschätze usw. – und den zu erwartenden „Kosten", in die finanzielle Erwägungen, die politische Stabilität (bzw. Instabilität) und Legitimität, Opfer unter Soldaten und Zivilbevölkerung, Zerstörungen an Material und Infrastruktur und vieles mehr einbezogen werden. Dabei hängt die Einschätzung der politischen, wirtschaftlichen, militärischen und psychologischen Kosten eines Krieges vor allem davon ab, wie man sich den Charakter des Krieges vorstellt: Ist man von einem einfachen Sieg in einem Blitzkrieg überzeugt, wird man die Kosten des Kriegs für gering halten, bei einem jahrelangen Abnutzungskrieg dagegen für sehr hoch. Da Kriege allerdings selten so verlaufen wie von den Kriegführenden vorher geplant, bleibt hier vieles subjektiv und unsicher. Das ist der Grund dafür, dass die Einschätzung, ob ein länger anhaltender Krieg weiterhin „sinnvoll" ist, sich im Laufe der Zeit ändern kann: Als der Irak 1980 sein Nachbarland Iran überfiel, war Saddam Hussein überzeugt, Khuzistan in einem schnellen Krieg an sich reißen zu können – spätestens nach zwei oder drei Jahren war dem Irak jedoch klar, dass er dieses Ziel verfehlt hatte und darüber hinaus immens hohe Schäden an Menschen und Material zu beklagen hatte. Der Krieg förderte die eigene Machtstellung nicht, sondern untergrub sie. Damit hatte sich die Kosten-Nutzen-Kalkulation dramatisch geändert, und aus einem zweckrationalen, „nützlichen" Krieg war aus der Sicht Bagdads ein „sinnloser" geworden. Doch auch aus der Sicht des Iran hatte sich die Rationalität des Krieges verändert, wenn auch auf ganz andere Weise. Ein Krieg zur Verteidigung des eigenen Landes und der Revolution (zu einem Zeitpunkt, als die Mehrheit der Bevölkerung sie noch unterstützte) war zu extrem hohen Kosten erfolgreich geführt worden und nun nicht mehr nötig. Aber der Krieg gewann aus Sicht des iranischen Regimes eine neue Rationalität: Er erlaubte es, jede Form der inneren Opposition aus- und die Gesellschaft gleichzuschalten. Während die Revolution gegen die Diktatur des Schahs aus sehr vielen Quellen entsprungen war, wurden nun alle Kräfte auch gewaltsam unterdrückt, die sich der Herrschaft Ayatollahs Khomeinis und seiner politischen Strömung nicht unterordneten. Diese spielten angeblich den irakischen Invasoren in die Hände. Krieg ist keine gute Zeit für demokratischen Pluralismus, sondern lädt zur Zentralisierung und Gleichschaltung ein. Der „Sinn" des Krieges aus der Sicht der iranischen Führung war also nicht mehr allein ein militärischer Sieg über Saddam Hussein, sondern vor allem die Durchsetzung der religiös begründeten Diktatur im Iran selbst.

Der „Sinn" und Zweck eines Krieges liegt im Auge der Betrachter, also vor allem darin, ob die Kriegsparteien es für möglich oder wahrscheinlich halten, ihre Kriegsziele zu „vertretbaren" Kosten zu erreichen. Diese zweckrationale Abwägung wird oft keine ethischen Erwägungen berücksichtigen, falls man den Eigennutz nicht als ethische Richtschnur akzeptieren möchte.

Rechtfertigungen

Etwas kompliziert wird die Bewertung der Kosten-Nutzen-Kalkulation der Kriegsparteien dadurch, dass Kriegführende nicht für ihre Ehrlichkeit bekannt sind. Im Gegenteil: Es ist eher die Regel, dass Kriegsparteien über ihre Absichten lügen, sie zumindest verschleiern oder in ein gutes Licht rücken wollen. Kaum jemals hat ein kriegerischer Aggressor die eigene Machtgier als den Grund eines Krieges angegeben. Stattdessen werden fast immer selbstlose oder sonst wie akzeptable Gründe vorgebracht.

So behaupteten selbst die Nazis beim Überfall auf Polen (1939), dass zuvor polnische Bewaffnete den deutschen Sender Gleiwitz überfallen und rund ein weiteres Dutzend Grenzverletzungen begangen hätten. Tatsächlich hatte der Sicherheitsdienst der SS den Überfall simuliert. 1964 verabschiedete der US-Kongress die sogenannte Tonkin-Resolution, die den US-Krieg gegen Vietnam rechtlich ermöglichte. Anlass war der „Tonkin-Zwischenfall", bei dem zwei US-Zerstörer von der nordvietnamesischen Marine zweimal angegriffen worden sein sollten. Der erste Angriff war faktisch bedeutungslos und hatte keine Beschädigungen zur Folge. Den zweiten Angriff hatte es nie gegeben. Nicht viel besser sah es beim zweiten US-amerikanischen Irakkrieg ab 2003 aus. Auch wenn die US-Regierung ihre Rechtfertigungen häufig wechselte, so bestand ihr Kernargument doch darin, dass der Krieg der Zerstörung irakischer Massenvernichtungswaffen dienen sollte – die es allerdings nicht gab. Auch die Sowjetunion nannte fadenscheinige Gründe, als sie seit Ende 1979 ihr Nachbarland Afghanistan mit über 100.000 Soldaten für ein knappes Jahrzehnt besetzte – angeblich, weil die USA in Afghanistan die Kontrolle übernehmen wollten. Dafür gab es keinerlei Hinweise. Und als Wladimir Putins Russland im Februar 2022 die Ukraine überfiel, gab er unter anderem zwei Gründe an: Es gelte, einen Völkermord an ethnischen Russen in den Ostukraine zu verhindern, und die Ukraine sei von Nazis kontrolliert. Beides war frei erfunden.

Es liegt auf der Hand, dass Kriegsparteien dazu neigen, ihre Kriege mit wohlklingenden und phantasievollen Phrasen zu begründen, die nicht unbedingt etwas mit ihren tatsächlichen Absichten zu tun haben. Wie gesehen, gilt das nicht nur in Diktaturen, sondern auch in Demokratien. Besonders während des Kalten Krieges wurden militärischen Interventionen und Kriege kaum jemals mit den eigenen Interessen begründet, sondern mit der Verteidigung der Freiheit gegen den sowjetischen Kommunismus. Das galt auch in Fällen wie dem paramilitärisch organisierten Sturz der demokratisch gewählten Regierung in Guatemala (1954), dem Putsch gegen die ebenfalls gewählte Regierung Salvador Allendes in Chile (1973), dem bereits erwähnten Vietnamkrieg (offiziell ab 1964, faktisch aber bereits seit 1954) oder der größten CIA-Operation der Geschichte, dem „amerikanischen Jihad" gegen die sowjetischen Truppen in Afghanistan (1979–1989). Im letzteren Fall erklärte der damalige US-Präsident Ronald Reagan die von den USA unterstützen Gruppen zum „moralischen Äquivalent der Gründerväter" Amerikas – was deren wichtigste Gruppe nicht daran hinderte, sich später auf die Seite von Usama bin Ladin zu stellen. „Freiheit", „Demokratie",

„Menschenrechte" oder „Völkerrecht" und andere hohe Werte werden routinemäßig zur Rechtfertigung für Interventionen, Militäreinsätze und Kriege vorgebracht – unabhängig davon, was die tatsächlichen Absichten sind. Auffällig ist auch, dass die Rechtfertigung der eigenen Politik mithilfe solcher Werte die Machtakteure nicht davon abhält, genau diese Werte in anderen Fällen massiv zu missachten.

Kriegsgründe

Wir können festhalten, dass Kriege selten ohne Grund geführt werden, also kaum jemals „sinnlos" sind. Allerdings sind die Kriegsgründe oft nicht klar, und werden hinter einem Schleier der Rhetorik zusätzlich verhüllt. Adolf Hitler hatte seinen Generälen am 22. August 1939, wenige Wochen vor dem Beginn des Zweiten Weltkrieges, laut Protokoll gesagt: „Ich werde propagandistischen Anlaß zur Auslösung des Krieges geben, gleichgültig, ob glaubhaft. Der Sieger wird später nicht danach gefragt, ob er die Wahrheit gesagt hat oder nicht". Dieser zynischen Regel sind vor- und nachher viele andere Aggressoren gefolgt, die die Notwendigkeit irgendeiner Rechtfertigung ernster nahmen als deren Glaubwürdigkeit.

Auch wenn die tatsächlichen Gründe eines Krieges deshalb kaum direkt aus den Erklärungen der Kriegsparteien erschlossen werden können, so bedeutet dies nicht, dass

Kriege ohne Grund geführt würden. Es bedeutet nur, dass die Analyse der Interessen der Akteure im Zentrum stehen muss, um die tatsächlichen Kriegsgründe zu verstehen. Sehen wir uns die Erfahrungen der letzten Jahrhunderte an, dann lassen sich sehr unterschiedliche Gründe für Kriege unterscheiden:

1. *Materielle Vorteile.* Diese können von sehr unterschiedlicher Natur sein: die Eroberung oder faktische Kontrolle von Territorium, der Zugang zu oder die Kontrolle von Infrastruktur (Häfen, Eisenbahnknotenpunkte usw.), die direkte oder indirekte Kontrolle über natürliche Ressourcen (Erdöl, Gas, Mineralien, Wasser), vor allem in früheren Zeiten auch direkte finanzielle Vorteile (etwa durch Beute, Plünderung oder Erpressung).

2. *Strategische Vorteile.* Dazu gehören die Schwächung oder der Sturz einer gegnerischen Regierung, die Verschiebung der regionalen Machtverhältnisse zu eigenen Gunsten. Auch einige der zuvor erwähnten materiellen Vorteile können strategische Vorteile bieten (etwa die Eroberung strategisch günstig gelegener oder rohstoffreicher Provinzen). Nicht zuletzt kann auch der Prestigegewinn durch einen militärischen Sieg dazu beitragen.

3. *Innenpolitische Vorteile.* Ein Krieg – insbesondere ein erfolgreicher – kann von innenpolitischen Problemen ablenken. Er wird häufig dazu führen, die Opposition zu marginalisieren oder zu zwingen, sich hinter die Regierung zu stellen. Ein Krieg stellt oft auch eine gute Gelegenheit dar, die Unterdrückung von Opposition zu rechtfertigen oder abweichende Stimmen zum

Schweigen zu bringen. Ein Beispiel dafür stellt die Ausschaltung noch der letzten unabhängigen Gruppen und Medien in Russland unter Präsident Putin seit dem Beginn des Ukrainekrieges dar.
4. *Ideologische und psychologische Erwägungen.* Dazu zählen die Beförderung des Weltkommunismus, des politischen Islam oder der „westlichen Werte". Auch wenn solche Aspekte selten den Kern der Kriegsgründe ausmachen, so können sie doch eine Rolle spielen, da sie die Wahrnehmungsmuster und Entscheidungsüberlegungen beeinflussen mögen. Nur in seltenen Fällen wird man ohne das Hinzutreten weiterer, substanzieller Gründe einen Krieg beginnen. Wer aber zu einem Angriff entschlossen ist, wird gerne auf solche Wertesysteme zurückgreifen – und ggf. von ihnen auch beeinflusst sein.
5. *Opportunistische Nutzung „guter Gelegenheiten".* Wenn ein (potenzieller) Gegner aus irgendeinem Grund akut militärisch, wirtschaftlich oder politisch geschwächt ist – sei es aufgrund innerer Umwälzungen, außenpolitischer Isolation oder anderen Gründen –, kann ein Angriffskrieg verführerisch erscheinen. Das gilt aber natürlich vor allem dann, wenn ohnehin ein Konflikt besteht und bereits vorher ein Krieg erwogen wurde. In solchen Fällen mag eine günstige Gelegenheit („der Gegner ist im Moment besonders schwach, aber in ein paar Jahren wieder stark") den Ausschlag für den Beginn eines Krieges sein.

Insgesamt können wir festhalten, dass Kriege kaum jemals für „sinnlos" gehalten werden – zumindest nicht zu dem Zeitpunkt, an dem sie begonnen werden oder weitergeführt werden. Erst wenn sich nach einiger Zeit erweist, dass die Kriegsziele noch immer nicht erreicht wurden oder gar nicht erreicht werden können, kann ein Umdenken einsetzen und eine Weiterführung des Krieges sinnlos werden: Warum sollte man die Opfer und Kosten eines Krieges auf Dauer in Kauf nehmen, wenn seine Ziele unerreichbar geworden sind? Sobald beide Seiten die Nutzlosigkeit einer Fortsetzung des Krieges akzeptiert haben, werden Verhandlungen zur Beendigung des Krieges immer wahrscheinlicher.

Die Sicht von unten

Bisher haben wir ausschließlich darüber gesprochen, wie sich die Kriegsgründe aus der Sicht der beteiligten Regierungen darstellen. Aus der Perspektive der direkt oder indirekt betroffenen Bevölkerungen mag die Sicht auf den Krieg völlig anders sein. Auch wenn dies in der fernen historischen Vergangenheit anders gewesen sein mag, als auch die Heerführer und sogar Könige durchaus selbst an Kriegen teilnahmen – in modernen Zeiten dürften sich unter den Tausenden oder Millionen Toten nur selten Regierungsmitglieder befinden. Die Toten, Verletzten und Verstümmelten sind entweder Soldaten oder Zivilisten, und kaum jemals Personen, die zuvor über Krieg oder Frieden entschieden haben. Die Opfer des Krieges werden von den beteiligten Gesellschaften getragen. Die Verluste an Menschenleben und Gesundheit sind dabei nur ein Aspekt. Dazu kommt die manchmal großflächige Zerstörung von Wohngebäuden, Brücken, Eisenbahnstrecken, der Elektrizitäts- und Wasserversorgung, der Fabriken und Krankenhäuser. Ein US-amerikanischer Spitzengeneral drohte während des Vietnamkrieges damit, Vietnam „in die Steinzeit zurückzubomben" – was manche Kriegsfolgen übertrieb, andere aber noch verharmloste, weil beispielsweise die Entlaubung und Zerstörung großer Waldgebiete durch chemische Kampfstoffe in der Steinzeit gar nicht denkbar gewesen wäre. Da wir an anderer Stelle noch einmal auf die Zerstörungen und Opfer von Kriegen eingehen werden, mögen hier zwei Anmerkungen genügen:

Die Sinnhaftigkeit oder Sinnlosigkeit von Kriegen kann von der Bevölkerung eines Landes völlig anders eingeschätzt werden als von ihrer Regierung oder politischen Elite. Das liegt daran, dass weder der potenzielle „Nutzen" eines Krieges noch dessen Opfer zwischen beiden gleich verteilt sind. Die Eroberung der Provinz eines Nachbarstaates oder der Sturz von dessen Regierung mag den eigenen Eliten als höchst positiv erscheinen – aber es ist durchaus möglich, dass sie auf das Leben der Mehrheit der Bevölkerung keine Auswirkungen haben. Und umgekehrt betreffen etwa die Zerstörung der Wasserversorgung oder kriegsbedingt explodierende Nahrungsmittelpreise vor allem die ärmeren Teile der Bevölkerung. In oder nach Kriegen kann es zu Hungersnot kommen – wobei die Eliten in aller Regel weiter gut ernährt bleiben. Die Kriegsfolgen sind deshalb in der Regel zwischen den Regierungen oder politischen Eliten und der allgemeinen Bevölkerung sehr ungleich verteilt. Eine unterschiedliche Sichtweise auf den Krieg ist also nicht verwunderlich. Die Unruhen oder Aufstände in Russland oder Deutschland am Ende des Ersten Weltkrieges sind naheliegende Beispiele. Dabei liegt auch auf der Hand, dass es nicht allein zwischen „der Elite" und „der Bevölkerung" zu widersprüchlichen Interessen kommen kann, sondern dass sich auch innerhalb der Bevölkerung verschiedene, sehr unterschiedliche oder sich überschneidende Erfahrungen mit den Kriegsfolgen herausbilden können. Hier gilt es darauf zu achten, welche Teile der Bevölkerung auf welche Weise vom Krieg profitieren oder unter ihm leiden.

Es muss allerdings vor der Annahme gewarnt werden, dass eine Ablehnung des Krieges in der Bevölkerung automatisch zunimmt, wenn das eigene Leiden wächst oder katastrophische Zustände annimmt. Viele Regierungen oder Militärführer nahmen lange Zeit an, dass besonders erbarmungslose und breitflächige Zerstörungen auch gegen zivile Ziele „die Moral" einer fremden Bevölkerung „brechen" würden. Massaker bis hin zum Völkermord sind nichts Neues, sondern seit Jahrtausenden nachweisbar – und erfolgten auch in der klaren Absicht, durch solchen Terror den Widerstandswillen der Gegner zu brechen. Diese Taktik war manchmal erfolgreich, etwa bei vielen Eroberungskriegen der Hunnen oder Mongolen, als sich manche Städte ergaben, wenn diese sich auch nur näherten. In vielen anderen Fällen allerdings scheiterte diese Strategie, etwa im Zweiten Weltkrieg beim

Angriff der Nazis auf die damalige Sowjetunion oder bei der Vernichtung vieler deutscher Städte durch die britische Luftwaffe kurz danach. Auch im Vietnamkrieg oder bei der sowjetischen Besetzung Afghanistans war der militärische Terror gegen Zivilisten nicht erfolgreich. Er führte nicht etwa zur Demoralisierung der leidenden Gesellschaften, sondern oft zur Motivierung weiteren Widerstandes.

Häufig gehen die Nutzen und Profite eines Krieges an eine schmale politische und wirtschaftliche Elite, während die Opfer und Kosten in der Regel von der ärmeren oder durchschnittlichen Bevölkerung getragen werden. Deshalb ist es möglich, dass letztere die Sinnlosigkeit eines Krieges erkennen, während er für die Eliten eine zweckrationale Kosten-Nutzen-Kalkulation bleibt. Diese potenzielle Kluft in einer Gesellschaft kann aber, wie uns die Geschichte immer wieder zeigt, unter bestimmten Bedingungen überbrückt werden: Wenn das eigene Land angegriffen wird, stellt man sich meist hinter die eigene Regierung. Auch eine nationalistische, rassistische oder religiöse Ideologie kann dazu führen, dass eine Gesellschaft die eigenen Eliten unterstützt, selbst wenn diese einen Aggressionskrieg beginnen oder wenn man selbst unter den Kriegsfolgen leidet.

„Ewige" Kriege? – Krieg in der Geschichte

Man kann immer wieder lesen, dass es Kriege in der menschlichen Geschichte schon immer gegeben habe, dass Kriege „ewig" seien. Und tatsächlich scheint einiges für diese Annahme zu sprechen. Soweit uns aus der Geschichte schriftliche Quellen vorliegen, wird dort häufig von Kriegen berichtet. Und für die Jahrtausende zuvor haben Archäologen zahllose Skelette ausgegraben, an denen sich ein gewaltsamer Tod nachweisen lässt. Eingeschlagene Schädel, schwere Verletzungen durch Pfeile oder Speere sind keine Seltenheit bei prähistorischen menschlichen Überresten. Auch Massengräber voller Gewaltopfer sind früh nachweisbar. Allerdings: Wir sollten nicht vergessen, dass Zeichen von Gewalt nicht automatisch Beweise für Krieg sein müssen. Schließlich gibt es gewaltsame Raubüberfälle, Familiendramen, Massaker und andere Gewaltformen auch außerhalb eines Krieges. Wir können also aus den zahlreichen Belegen von Mord oder Totschlag in der Vorgeschichte nicht ohne zusätzliche Hinweise auf die Existenz von Krieg schließen. Dazu könnte Folgendes gehören: Beweise der Existenz von Festungen, die ja vor allem als Schutz vor organisierten bewaffneten Angriffen dienen; bestimmte Waffen, die für die Jagd wenig hilfreich, für den Kampf gegen Menschen aber nützlich sind

(Keulen, Schilde, Helme, Belagerungswerkzeuge); und vor allem Belege für organisierte und koordinierte Gewalt in größerem Ausmaß (z. B. Überreste zerstörter oder niedergebrannter Städte), auch wenn sich die entsprechenden Funde ohne schriftliche Quellen oft nicht eindeutig zuordnen lassen.

Insgesamt spricht vieles dafür, dass die menschliche Frühzeit zwar gewalttätig war, aber Kriege noch nicht kannte. Der Hauptgrund dafür war aber nicht, dass frühe Menschen einen Hang zum Pazifismus gehabt hätten, sondern dass die Gesellschaften erst später komplex genug wurden, um Kriege im eigentlichen Sinne führen zu können, und dass Kriege in einer Zeit vor komplexen Gesellschaften relativ wenig Nutzen gehabt hätten. In den losen Gemeinschaften von Jägern und Sammlern (Wildbeutern) und bei ihrer typischen, sehr niedrigen Bevölkerungsdichte machte es mehr Sinn, sich bei Konflikten auszuweichen, als ohnehin kaum zu organisierende Kriege zu führen. Gewalt wurde damals wohl primär zwischen Einzelnen oder in eher kleinen Gruppen ausgeübt. Vieles spricht dafür, dass Kriege erst Teil der menschlichen Geschichte wurden, als nach Entstehung der Landwirtschaft größere Siedlungen entstanden. Erst dann gab es lohnende Ziele für organisierte Angriffe, nämlich die Vorräte der Siedlungen. Und erst seit der Sesshaftigkeit wurden Gesellschaften groß und komplex genug, um überhaupt Kriege führen zu können. Allerdings beginnt unser konkreteres Wissen über den Krieg erst in historischer Zeit, also nach der Erfindung der Schrift. Dabei dürfen wir den Wert früher schriftlicher Zeugnisse allerdings nicht überschätzen, da sie – meist auf Säulen, Felsen oder Gebäuden angebracht – vor allem dazu dienten, einen König zu loben, der seine Feinde heldenhaft besiegt habe. Wir erfahren also etwas über die Kriege jener Zeit, dürfen aber nicht vergessen, dass diese Informationen meist propagandistischen Charakter hatten.

In der Vor- und Frühgeschichte gab es sicher zahlreiche Kriege und Schlachten, von denen wir aufgrund fehlender Quellen nichts wissen. Die erste überlieferte Schlacht fand vor etwa 4.500 Jahren wegen eines Grenzstreites zwischen den Städten Lagash und Umma in Mesopotamien statt. Sie scheint bereits durch geschlossene Formationen von mit Speeren bewaffneten Kämpfern geführt worden zu sein. Das deutet darauf hin, dass schon zu diesem Zeitpunkt Krieg relativ organisiert und diszipliniert geführt wurde und also kaum ganz neu sein konnte. Etwa 200 Jahre später eroberte König Sargon von Akkad über ein halbes Jahrhundert hinweg Mesopotamien – er soll dabei das erste tatsächliche Militär mit professionellen Soldaten eingesetzt haben. Für die Zeit kurz danach liegen bereits schriftliche Belege dafür vor, dass Kriege bis zur Vernichtung des Gegners geführt wurden.

Die ersten Schlachten der Weltgeschichte, über die wir recht gut unterrichtet sind, wurden rund 1.000 Jahre später von den Heeren zweier ägyptischen Pharaonen geschlagen: bei Megiddo (möglicherweise 1468 vor unserer Zeitrechnung oder etwas später) und Kadesch (1294 v. u. Z. oder etwas später). Hier treten uns bereits Heere mit Zehntausenden von Soldaten entgegen, die gut organisiert und in „Divisionen" gegliedert waren. Neben Fußsoldaten (Infanterie) und Streitwagen wurden auch erstmals nachweislich Bogenschützen mit Kompositbögen eingesetzt – also Bögen, die aus mehreren Materialien zusammengesetzt sind, was Reichweite und Stabilität erhöht. Es handelte sich bereits um große zwischenstaatliche Kriege, bei denen Ägypten unter den Pharaonen Thutmosis III. beziehungsweise Ramses II. im einen Fall gegen eine Koalition syrischer Herrscher unter der Führung des Fürsten von Kadesch, das andere Mal gegen das Reich der Hethiter (aus dem Gebiet nördlich von Aleppo in der heutigen Zentraltürkei) unter König Muwattalli II. kämpfte. Schon hier wurde also die enge Verbindung von Krieg und der Entwicklung von Staatlichkeit deutlich. Es kämpften nicht Gesellschaften von Jägern und Sammlern oder verschiedenen Stämme gegeneinander, sondern konsolidierte Staaten, die bereits über entwickelte bürokratische Strukturen, über Schreiber, Archive und Beamte verfügten. Ohne diese Strukturen hätten die Kriege gar nicht stattfinden können: Sie wurden längere Zeit Hunderte von Kilometer vom eigenen Gebiet entfernt ausgetragen, wobei die Marschwege teilweise durch Felswüsten führten, in denen es weder etwas zu kaufen noch zu plündern und z. T. nicht einmal Wasser gab. Dies stellte für die Versorgung so großer Streitkräfte ein beträchtliches Problem dar, das nur durch funktionierende staatliche Strukturen gelöst werden konnte. Schon damals war Krieg nicht allein eine Angelegenheit des Militärs, der Waffen und des Kämpfens, sondern auch der Bürokratie, der Organisation und Logistik.

In den folgenden zweitausend Jahren kam es immer wieder zu kleineren Veränderungen der Ausrüstung, Bewaffnung, Organisation und Taktik, aber in den Grundlinien behielten die Kriege der Imperien ihren Charakter, zumindest bis zum Ende des Römischen Reichs. Dabei sollte allerdings nicht vergessen werden, dass es auch immer kleinere Kriege gab, wie sie etwa von griechischen Stadtstaaten gegeneinander geführt wurden. Auch viele Kriege in Mittel-, Ost- oder Nordeuropa oder beispielsweise in Asien waren geringeren Umfangs und weniger bürokratisiert.

Krieg seit dem Mittelalter

Mit der Auflösung des Römischen Reiches und der langsamen Entstehung des Feudalismus änderte sich der Charakter von Kriegführung in Europa. Nach dem Zusammenbruch des römischen Steuersystems war es nicht mehr möglich, stehende Heere größeren Umfangs aufrechtzuerhalten. Stattdessen verlagerte sich die bewaffnete Gewalt zunehmend nach unten. Zuerst übernahmen lokale Adelige als Gegenleistung für ihre Nutzung von Grundbesitz militärische Funktionen für Fürsten oder Könige. Langsam wurden sie aber immer unabhängiger. An die Stelle der römischen Staatlichkeit trat so ein Flickenteppich aus lokalen und regionalen Machthabern, die durch persönliche Abhängigkeitsverhältnisse verflochten waren. Damit änderte sich auch der Charakter von Krieg. Kriegführung wurde zu einer Angelegenheit der sozialen Eliten, die zu Spezialisten der Gewalt wurden. Auch der Zusammenhalt größerer Heere ließ nach, weil diese nun meist aus einer Vielzahl kleinerer Einheiten bestanden, die jeweils über Eigeninteressen verfügten. Als kriegsentscheidend galt die Reiterei schwer bewaffneter und gepanzerter Kämpfer, die selbst für Pferd, Waffen und Rüstung sorgen mussten. Sie waren, insbesondere in Formation mehrerer Reiter, den leicht bewaffneten und weniger geschützten Fußtruppen weit überlegen. Allerdings büßten sie wesentlich an Beweglichkeit und Mobilität ein, insbesondere gegenüber einer leichten Kavallerie, die ihre Stärke aus ihrer Geschwindigkeit bezog.

Die Zeit der ritterlichen Reiter endete, als gegen Ende des Mittelalters eine neue Waffentechnik eingeführt beziehungsweise eine alte modernisiert wurde. In England kam der Langbogen in Gebrauch, den man aus Wales übernahm, und der im Gegensatz zum Kompositbogen aus einem einzigen Stück sorgfältig ausgewählten Holzes gefertigt wurde. Ein Langbogen konnte noch aus größerer Distanz die Rüstungen der Ritter problemlos durchschlagen – und er gestattete, 10–12 Pfeile pro Minute abzuschießen, im Unterschied zu den zwei Pfeilen der vorher gebräuchlichen Armbrust. Im Hundertjährigen Krieg (Englands Kampf zur Ausdehnung und Sicherung seiner Besitzungen in Frankreich; 1337–1453) richteten bürgerliche und bäuerliche Engländer und Waliser in mehreren Schlachten wahre Massaker an Tausenden französischer Ritter an. Das bedeutete nicht nur eine Revolution der Kriegführung, sondern symbolisierte auch den Niedergang des Rittertums und zeigte damit, wie eng die Entwicklung des Krieges mit Veränderungen in der Gesellschaft verbunden sind.

Kabinettskriege

Eine weitere Wende erfolgte im 17. und 18. Jahrhundert. Auch wenn der Dreißigjährige Krieg (1618–1648) traditionell als „Religionskrieg" gedeutet wurde, lässt er sich doch besser als Serie von Staatsbildungskriegen begreifen. Während des Krieges waren die europäischen Staaten oft noch so schwach, dass Offiziere persönlich die Besoldung und teilweise Bewaffnung ihrer Truppen vorfinanzieren mussten. Auch Söldnertruppen und private Kriegsherren spielten wichtige Rollen. Die finanziellen und administrativen Erfordernisse des langen Krieges übten Druck zu einer besseren Organisierung staatlicher und militärischer Strukturen aus, und nach dem Westfälischen Frieden (1648) entstanden die ersten Elemente des Völkerrechtes, indem die Staaten wechselseitig die Souveränität über das eigene Staatsgebiet respektierten. In den Jahrzehnten danach bildeten sich in Europa absolutistische Herrschaftssysteme, in denen Könige „von Gottes Gnaden" diktatorisch regierten. Damals setzte auch eine verstärkte Bürokratisierung des Staates ein. Für die Kriegführung blieb dies nicht ohne Folgen.

Die „Kabinettskriege" des 18. Jahrhunderts signalisierten eine Verstaatlichung kollektiver Gewalt, insbesondere des Krieges. Marodierende Banden waren dem Absolutismus wesensfremd, disziplinierte und willenlose Truppen unter strenger Führung der Spitzen des Staates (des Königs bzw. seines Kabinetts) waren das Ideal. Allerdings waren auch die absolutistischen Staaten nicht von Anfang an in der Lage, dieses Ziel auch einzulösen: Die Vorstellung, „von Gottes

Gnaden" zu herrschen, garantierte keine vollen Kassen. So waren anfangs weiterhin die höheren Offiziere selbst dafür verantwortlich, ihre militärischen Einheiten zu rekrutieren, zu bewaffnen und zu besolden – in der Erwartung, später vom König dafür entschädigt und belohnt zu werden.

Das Militär stellte im Absolutismus den Ausdruck und Kern jeder Staatlichkeit dar, die Fähigkeit und das „Recht" zur Kriegführung waren der Ausdruck königlicher (also staatlicher) Souveränität. Die Notwendigkeit oder der Wunsch, Krieg zu führen, trieben die Staatsbildung und die Verdichtung von Staatlichkeit voran: Da Krieg viel Geld und umfangreiche Organisationskapazitäten erforderte, mussten die Steuererhebung und die Bildung kompetenter Verwaltungsorgane gestärkt werden. Umgekehrt führte die Stärkung staatlicher Organe auch dazu, den Krieg unter die alleinige Kontrolle des Staates zu bringen und ihn auf ein bloßes Instrument staatlicher Politik zu reduzieren.

Die hohen Kosten der Rekrutierung und Ausbildung frischer Truppen traf in Kriegszeiten auf ohnehin sehr angespannte Staatsfinanzen. Die Heere jener Zeit wurden deshalb eher vorsichtig eingesetzt. Unnötige Risiken für die eigenen Truppen mussten aus pragmatischen Gründen möglichst vermieden werden. Deshalb versuchten Feldherren oft, durch geschickte Manöver oder Täuschungen den Gegner in eine unhaltbare Lage zu bringen, ohne überhaupt riskante Schlachten schlagen zu müssen. Neben den Kosten und der notwendigen Zurückhaltung beim Einsatz der Truppen war die Schwerfälligkeit des Militärs ein einschränkender Faktor der Kriegführung. Einerseits war die Marschgeschwindigkeit gering, da die Truppen zur Versorgung und für den Nachschub, für die Artillerie und Belagerungsmaschinen meist Tausende von Pferdewagen über schwieriges Gelände mitführten. Andererseits marschierten die Truppen *hinter*einander, mussten aber zur Schlacht geordnet *neben*einander Aufstellung nehmen. Allein der Aufmarsch zu einer Schlacht dauerte mehrere Stunden, was Überraschungsangriffe meist ausschloss. Auch Umgehungsmanöver und ähnliche Taktiken, die auf Geschwindigkeit und Mobilität basierten, konnten nur vergleichsweise selten gelingen. All dies verstärkte noch einmal das Bedürfnis der Könige und ihrer Feldherren, strategisch wie taktisch behutsam mit ihren Truppen umzugehen. Kam es aber zur Schlacht, konnten die Verluste trotzdem außerordentlich hoch sein. 20 Prozent der Truppen in einer Schlacht durch Tod, Verwundung oder Gefangennahme zu verlieren, war keine Ausnahme.

Zwischenstaatliche Kriege
seit der Französischen Revolution

Bis zur Französischen Revolution und den folgenden Kriegen Napoleons änderte sich an der Art der Kriegführung wenig. Aber mit dem Sturz des absoluten Königtums in Frankreich, das zum Sinnbild des Absolutismus geworden war, kam es zu einem völligen Umbruch. Die eher behutsame und formalisierte Form des Krieges, die ja durch den Mangel gut trainierter Söldner und deren hohe Kosten bedingt worden war, wurde nun überflüssig. Als die ganze französische Nation auf die Bühne der Politik trat und die Kleriker und Adeligen entmachtete, änderte auch das Militär seinen Charakter grundlegend. Das Offizierscorps wurde schlagartig für Bürgerliche geöffnet und Hunderttausende von Kriegsfreiwilligen traten ins Militär ein. Bald wurde die allgemeine Wehrpflicht eingeführt. Der Krieg war nicht länger eine Angelegenheit des Königs und seiner Beauftragten, sondern der ganzen Nation. Da die anderen europäischen Länder diesen Massenheeren nichts Wirksames entgegenzusetzen hatten, wurde auch dort die Wehrpflicht eingeführt. Nun kämpften nicht mehr die Herrscher mit ihren Söldnertruppen gegeneinander, sondern ganze Gesellschaften – ein Trend der sich im 20. Jahrhundert durchsetzen würde.

Der nächste entscheidende Schritt erfolgte in der zweiten Hälfte des 19. Jahrhunderts durch die Industrialisierung, die ab jetzt dynamische Entwicklung der Waffentechnologie und die allgemeine Nutzung der Eisenbahn, die nun auch für den Truppentransport und die Versorgung der Truppen große Bedeutung erlangte. Der Krimkrieg (1853–1856) zwischen Russland und einem Bündnis aus dem Osmanischen Reich, Frankreich und England läutete eine neue Ära der Kriegführung ein, die von verschiedenen Innovationen gekennzeichnet war: Teile des Krimkrieges, insbesondere die Kämpfe um Sewastopol, sahen zum ersten Mal Kämpfe zwischen eingegrabenen Positionen in Verbindung mit der vermutlich ersten Materialschlacht, bei der die bloße Menge des eingesetzten Materials (insbesondere Munition und Artillerie) eine wichtigere Rolle spielten als andere militärische Mittel. Im Krimkrieg wurden zum ersten Mal systematisch Eisenbahnen zur Versorgung eingesetzt – und sogar zu diesem Zweck eigens neue Eisenbahnlinien gebaut. Es wurden zum ersten Mal Telegrafen zur Nachrichtenübermittlung eingesetzt, was den Regierungen und Öffentlichkeiten in Paris, London und St. Petersburg die Möglichkeit eröffnete, schnell und direkt auf die Kriegführung einzuwirken. Der Krimkrieg markiert ebenfalls den Beginn des modernen Kriegsjournalismus, der insbesondere von zwei Journalisten der Londoner *Times* forciert wurde. So nahm die Öffentlichkeit zeitnah großen Anteil an der Kriegführung, was in der Vergangenheit kaum möglich gewesen war. In gewissem Zusammenhang damit steht der Beginn der modernen Militärmedizin, die durch die Berichte über fehlende oder grauenvoll unzureichende Versorgung britischer Verwunderter in Gang gesetzt wurde. Damit steht der etwas unbefriedigend benannte Krimkrieg (der ja auch in der Ostsee, auf dem Balkan und auf osmanischem Staatsgebiet geführt wurde) zwischen den Kriegen Napoleons und dem Ersten Weltkrieg. Teilweise noch der Art napoleonischer Kriege verhaftet, wurden zugleich bereits moderne Waffensysteme und Logistik genutzt, die noch wenige Jahrzehnte zuvor undenkbar gewesen waren. Diese modernen Dimensionen prägten sich im Amerikanischen Bürgerkrieg (1861–1865) und im Deutsch-Französischen Krieg (1870/71) noch stärker aus, um schließlich im Ersten (1914–1918) und Zweiten Weltkrieg (1939–1945) wichtige Höhepunkte zu erreichen.

Diese Art moderner zwischenstaatlicher Krieg existiert bis heute – man denke an den Krieg zwischen Iran und

Irak (1980–1988) oder an den russischen Krieg gegen die Ukraine (seit Februar 2022). Das soll nicht heißen, dass in der Zwischenzeit der technische Wandel und der Fortschritt der Waffenentwicklung zum Stillstand gekommen wären. Das Gegenteil ist richtig: Der Einsatz von Giftgas im Ersten Weltkrieg, die Entstehung der Luftwaffe direkt danach, die immer höhere Sprengkraft vieler Waffensysteme, das Aufkommen von Raketen und die enormen Fortschritte bei der Aufklärung und der Präzision der Waffen aufgrund der Elektronik und der elektronischen Datenverarbeitung haben die Feuerkraft massiv gesteigert und manche Taktiken revolutioniert. All diese Entwicklungen seit dem Krimkrieg haben den Grundcharakter des Krieges zwar modifiziert, aber keine grundsätzlich neue Qualität von Krieg hervorgebracht. Wir werden später darauf noch zu sprechen kommen.

Wir können aber festhalten, dass seit dem Beginn der Überlieferung – neben „weicheren" Faktoren wie dem Ausbildungsstand und der Motivation der Truppen und der Qualität ihrer Führung – drei Schlüsselaspekte eine entscheidende Rolle für die Kriegführung spielten: Die Größe der Truppen, ihre Feuerkraft und ihre Mobilität. Der Charakter von Krieg änderte sich vor allem deshalb, da Feuerkraft und Mobilität durch ihre technische Weiterentwicklung ungeheuer zunahmen: Die Zerstörungskraft eines Schwertes, einer Lanze oder einer Muskete ist mit denen bunkerbrechender Raketen, weitreichender Artillerie oder gar von Atomwaffen kaum zu vergleichen. Und während früher die Mobilität einer Truppe von ihrer Marschgeschwindigkeit und der Verfügbarkeit geeigneter Pferde abhing, werden seit langem motorisierte Fahrzeuge, Hubschrauber und Flugzeuge genutzt, was die Mobilität der Truppen massiv erhöht, wenn auch nicht im gleichen Maße wie deren Feuerkraft. Ähnliches gilt für die Aufklärung und Kommunikation: Während man früher auf Meldeläufer, Brieftauben, visuelle Signale (Rauch, Fahnen usw.) und Ähnliches angewiesen war, um Nachrichten über meist bescheidene Entfernungen zu übermitteln, erfolgt dies heute weltweit und in Echtzeit.

Guerillakriege in der Geschichte

Bei unserem kurzen Rückblick in die Geschichte stand der konventionelle, klassische Krieg zwischen Staaten im Vordergrund. Dabei darf aber nicht vergessen werden, dass es darüber hinaus Kriegsformen gab und gibt, die diesem Muster nicht folgen. Hier sollen nur kurz drei davon angesprochen werden: (1) Aufstands- und Guerillakriege; (2) mobile Reiterkriege durch (meist) Stammesverbände und (3) potenzieller strategischer Atomkrieg.

Unten werden Aufstands- und Guerillakriege näher behandelt. Eine Zeitlang wurden sie häufig als „Neue Kriege" bezeichnet, was damit zusammenhing, dass unser Denken von den klassischen, zwischenstaatlichen Kriegen bestimmt blieb, die aber während und nach dem Ende des Kalten Krieges kaum noch vorkamen. Dafür beobachtete man zunehmend Kriege innerhalb von Gesellschaften, die den üblichen Regeln der Kriegführung nicht oder kaum folgten. Dafür kam eine ganze Reihe von neuen Begriffen in Umlauf, die aber oft etwas unbefriedigend blieben: *low-intensity warfare*, also „Krieg niedriger Intensität", „hybride Kriege" oder eben „neue Kriege", um nur einige zu nennen. Andere Begriffe bezeichneten Teile dieser Kriegsformen, vor allem *counterinsurgency*, also „Aufstandsbekämpfung". Hier soll nur darauf hingewiesen werden, dass die vorgeblich „neuen" Kriege alles andere als neu waren und in der Geschichte immer wieder vorkamen. Es gab sie häufig, wenn gut organisierte, zentralisierte und militärisch deutlich überlegene Truppen auf Gegner trafen, auf die all dies nicht zutraf: militärisch weit schwächere (zahlenmäßig und in Bezug auf die Bewaffnung), die zusätzlich oft aus sehr unterschiedlichen Gruppen bestanden, die zwar kooperierten, aber nur selten unter einem gemeinsamen Kommando standen. In solchen Fällen neigte die schwächere Seite bereits seit langem dazu, sich einer direkten Konfrontation zu entziehen, die ja nur in der eigenen Vernichtung hätte enden können. Stattdessen versuchte man, die Nachschublinien des Gegners unsicher zu machen oder zu unterbrechen, Überfälle auf kleinere Einheiten oder Siedlungen des eigentlich überlegenen Gegners durchzuführen, symbolische Ziele des Gegners zu treffen, Attentate auf Kommandanten zu unternehmen oder den zwar überlegenen, aber meist schwerfälligeren Gegner durch ständige Ortsveränderung in Bewegung zu halten und zu ermüden. Da eine große und zentralisierte Armee gegen solche Taktiken ihre eigentliche militärische Stärke kaum jemals anwenden kann, führt dies zu entsprechenden Reaktionen. Diese können die Zerstörung ganzer Dörfer oder Landstriche, das Verbrennen der Felder und des Viehs der Gegner und anderes beinhalten, bei dem nicht die Militäreinheiten des eigentlich unterlegenen Gegners zum Ziel werden, sondern dessen Zivilbevölkerung oder dessen ganze Gesellschaft. So soll er doch noch gezwungen werden, sich einer offenen Schlacht zu stellen und dabei vernichtet zu werden.

Wir sollten daran denken, dass es in der Geschichte erst zu zwischenstaatlichen Kriegen kommen konnte, nachdem sich an vielen Orten Staaten gebildet hatten. Dieser Prozess verlief ungleichmäßig: In vielen Fällen hatte sich auf einer Konfliktseite bereits ein Staat (vom Stadtstaat bis zum Imperium) entwickelt, während ihre Umgebung noch weniger organisiert war und die Stufe der Staatlichkeit noch nicht erreicht hatte. Klassische zwischenstaatliche Kriege waren dann noch nicht möglich, da die dafür notwendige grundsätzliche Symmetrie fehlte. Ähnlich verhielt es sich häufig im Kontext der kolonialen Eroberung: Hier trafen nicht selten mächtige, mehr oder weniger zentralisierte staatliche Machtapparate auf Gesellschaften, die gespalten und voller Widersprüche waren und die über keine gemeinsamen und zentralisierten Machtinstrumente verfügten. Später trat noch eine technologische Überlegenheit der Kolonialstaaten hinzu. Widerstand gegen die Kolonialisierung konnte sich also kaum erfolgreich in offenen Feldschlachten äußern, sondern blieb oft kleinteilig, informell und nur mäßig organisiert.

Aber auch in Europa waren Aufstands- oder Guerillakriege nicht unbekannt, obwohl hier seit der Frühen Neuzeit insgesamt zwischenstaatliche Kriege vorherrschten. Gerade in der Zeit Napoleons, als Kriege zwischen Staaten ja voll ausgeprägt waren, wurde beispielsweise im französisch besetzten Spanien ein Guerillakrieg unter großer Beteiligung der Bevölkerung ausgetragen, der zeitweise eine Viertelmillion französische Truppen band – Truppen, die Napoleon in Russland und Mitteleuropa fehlen würden. Einfache Zivilisten, Männer und Frauen, Räuberbanden, katholische Geistliche, geschlagene Truppen des regulären Militärs, ganze Dorfgemeinschaften griffen französische Kräfte mit allen Mitteln an, selbst mit Steinen und kochendem Wasser. Meist richtete sich diese Gewalt gegen kleine Gruppen oder einzelne französische Soldaten, gegen Versorgungslinien oder exponierte Positionen. Dieses historische Beispiel ist auch deshalb aufschlussreich, weil gleichzeitig zum Guerillakrieg auch reguläre inländische und vor allem ausländische (englische und portugiesische) Militärverbände am Krieg teilnahmen. Dies sollte sich in der zweiten Hälfte des 20. Jahrhunderts (etwa im Vietnamkrieg) und zu Beginn der 21. mehrfach wiederholen, etwa in Afghanistan oder Syrien.

Krieg der Reiternomaden

Eine weitere historisch bedeutsame Form der Kriegführung bestand in den schnellen und raumgreifenden Kriegen der Reiternomaden aus der eurasischen Steppe zwischen Ungarn und der Mandschurei. Diese Nomadenvölker oder Stammesverbände ethnisch oder kulturell näher zu bezeichnen, ist oft schwierig oder aussichtslos, da es sich fast immer um flexible Zusammenschlüsse sehr unterschiedlicher Gruppen handelte, die dann nur in Europa oder China mit einer Sammelbezeichnung versehen wurden. Beispiele sind die Skythen, die bereits Jahrhunderte vor unserer Zeitrechnung das alt-persische Reich bedrohten. In Europa noch bekannter wurden die Hunnen, die durch ihr Vordringen die „Völkerwanderung" in Europa in Gang setzten und es sogar ins mittelhochdeutsche Nibelungenlied schafften. Besondere Prominenz erlangte dann der „Mongolensturm", der im 13. Jahrhundert im Westen bis nach Brandenburg, im Osten bis nach China und Nordindien reichte und im Mittleren Osten das Kalifat der Abbasiden in Bagdad zerstörte. Diese „mongolischen" Eroberer bestanden aus Mitgliedern sehr unterschiedlicher Stämme, auch aus zahlreichen nicht-mongolischen. Denn die Bewohner der Gebiete, die der Kern der Mongolen erobert hatte oder die sich diesen freiwillig angeschlossen hatten, wurden meist Teil der mongolischen Heere. Dies galt insbesondere für die vielen turksprachigen Stämme, auch wenn diese teilweise zuvor Teile der arabischen oder persischen Kultur übernommen hatten. Die zentrale Voraussetzung für den Erfolg der mongolischen Expansion war eine gesellschaftliche: Bereits zuvor war es anderen Stämmen gelungen, alle Mongolen gewaltsam zu einigen, aber das war nie von Dauer. Dschingis Khan jedoch sorgte dafür, dass andere Machtzentren beseitigt wurden, insbesondere die mächtigen Führer der unterschiedlichen Clans und Stämme an Einfluss verloren. Unter anderem zu diesem Zweck organisierte er das mongolische Heer neu.

Während früher die militärischen Einheiten entlang der Stämme und Clans organisiert waren, womit deren jeweiligen Führern beträchtliche militärische Macht zukam, wurden die Führungspositionen nun aufgrund von Kompetenz vergeben und die Truppen – unabhängig von Stammeszugehörigkeit – in Einheiten zu 10, 100, 1.000 und 10.000 Kämpfern organisiert. Damit wurde es fast unmöglich, die militärische Macht gegen den Großkhan zu organisieren, während zugleich wirksame Kriegführung nach außen erleichtert wurde.

Die Gemeinsamkeiten dieser meist turkstämmigen oder mongolischen Reitervölker waren ihr Nomadentum, die Bedeutung der Viehzucht für ihre Gesellschaft und die zentrale Rolle, die Pferde in ihrer Kultur (und in ihrem Militär) einnahmen. Ihre Art der Kriegführung unterschied sich grundlegendend von der ihrer sesshaften Nachbarn in China, dem Mittleren Osten oder Europa. Da sie selbst über keine Städte verfügten, sondern in mobilen Zelten lebten und auf Landwirtschaft weitgehend verzichteten, hatten sie im Kriegsfall kaum feste Punkte zu verteidigen – auch ihre „Hauptstadt" war (bis zur Gründung von Karakorum) mobil und bestand vor allem aus dem Hof des obersten Herrschers. Ihr Militär bestand überwiegend aus leichter Reiterei, ihre wichtigsten Waffen waren Pfeil und Bogen, die ihre Reiter mit großem Geschick und vom Rücken der Pferde in vollem Galopp zielsicher verwenden konnten. Für den Nahkampf, etwa gegen versprengte oder fliehende Feinde, verfügten sie über Schwerter und Lanzen. Die übliche Taktik bestand darin, schnell und wenn möglich überfallartig auf den Gegner zuzureiten und aus der Entfernung einen ganzen Schauer an

Pfeilen auf sie abzuschießen. Dann zog man sich ein Stück zurück, wenn möglich, um den Gegner zu umkreisen und bei nächster Gelegenheit wieder näher heranzurücken und den nächsten Pfeilschauer abzuschießen. Für Fußtruppen oder schwere Reiterei, die Schilde, Lanzen, Bepanzerung, früher auch Rüstungen aus Metall mit sich führten, waren solche Angreifer sehr schwer zu bekämpfen – zu schnell, zu mobil, und kaum jemals bereit, sich in die Reichweite der schweren Waffen zu begeben. Selbst wenn die Angegriffenen ebenfalls über Bögen (oder Armbrüste) verfügten, waren sie deutlich im Nachteil, weil die Kämpfer der Steppennomaden kaum jemals stillstanden und darum schwer zu treffen waren. Eine oft angewandte Taktik bestand darin, nach einigen Angriffen eine Flucht vorzutäuschen – schnell genug, um nicht wirklich eingeholt zu werden, aber langsam genug, damit die Verfolger nicht aufgaben. So lockte man ein verfolgendes Heer stunden- oder tagelang immer tiefer in die offene Steppe hinein, ohne Möglichkeiten, sich dort zu versorgen, und bei immer längeren Nachschublinien, die durch schnelle Reiter leicht anzugreifen waren. War das verfolgende Heer endlich erschöpft und hungrig und bereit, sich zurückzuziehen, bereitete es den Angreifern kaum noch Mühe, es völlig zu zerstören.

Bei ihren Eroberungen zwischen China, dem Persischen Golf und Europa lernten solche Reiterheere auch Kriegstaktiken, die ihnen früher fremd gewesen waren. Der Angriff auf befestigte Städte oder Burgen war den mongolischen oder turkstämmigen Kämpfern zuerst unbekannt, da es in ihren Heimatregionen keine Städte gab. Und leichte Reiterei hat gegen hohe Festungsmauern keine Chance. Allerdings lernten die Mongolenheere schnell: Als sie besiedelte Regionen und ihre Städte erobert hatten, integrierten sie deren Militärs als Hilfstruppen in die eigenen Streitkräfte und rekrutierten insbesondere Spezialisten für Belagerungstechnik. Bald verfügten sie über die modernsten Belagerungsmaschinen der damaligen Zeit, oft aus China.

Darüber hinaus erwiesen sie sich als ebenso brutal wie geschickt bei der „psychologischen Kriegführung". Stämme oder Städte, die sich den Mongolenheeren nach einer entsprechenden Aufforderung kampflos unterwarfen und die mongolische Herrschaft anerkannten, wurden mit Milde behandelt und konnten sich in die mongolischen Streitkräfte eingliedern. Lehnten sie dies aber ab und begannen sich zu verteidigen, waren Massaker bis hin zum Völkermord keine Seltenheit. Ganze Städte samt ihrer Bevölkerung wurden ausgelöscht. Dieser Ruf – die Wahl zwischen Milde bei Unterwerfung und blutigster Vernichtung bei Widerstand – führte dazu, dass mancher Gegner sich ergab, um so Teil der mongolischen Macht zu werden.

Bereits die Skythen, die Hunnen oder die Seldschuken waren mit solchen Formen der Kriegführung erfolgreich gewesen und hatten in vielen mächtigen Reichen für Schrecken gesorgt. Aber die große mongolische Allianz übertraf dies alles bei weitem: Im 13. Jahrhundert gelang es ihr in kürzester Zeit, ausgehend von ihrem Stammgebiet in und um die heutige Mongolei ein Reich zu erobern, das von China und Korea bis in heutige Syrien und den Iran und bis nach Mitteleuropa (Ungarn) reichte und sogar Russland umfasste. Dabei handelte es sich um das größte Landreich der Weltgeschichte, wenn es auch fast so schnell zerfiel, wie es erobert worden war. Im 14. Jahrhundert zerbrach es in fünf miteinander verknüpfte, aber doch faktisch selbstständige Reiche, die zum Teil noch Jahrhunderte geschichtsmächtig wirkten. Die mongolisch-türkische Herrscherschicht allerdings verlor bald ihren nomadischen Charakter und wurde kulturell zunehmend von den Gesellschaften geprägt, die sie beherrschte. Und als ein Nachfahre Timurs des Lahmen im frühen 16. Jahrhundert aus dem heutigen Afghanistan kommend einen großen Teil Indiens eroberte, konnte von nomadischen Reiterheeren kaum noch die Rede sein.

Strategischer Atomkrieg

Neben zwischenstaatlichen und innergesellschaftlichen Kriegen sowie nomadischen Reiterkriegen gibt es eine weitere wichtige Kategorie des Krieges, die bisher noch nie vorkam, aber potenziell von überragender Bedeutung ist: der sogenannte „strategische" Atomkrieg. Bisher gab es lediglich den „taktischen" Einsatz von Atomwaffen in einem zwischenstaatlichen Krieg, und auch das nur in einem einzigen Fall: die Atombombenabwürfe über den japanischen Städten Hiroshima und Nagasaki im Zweiten Weltkrieg. Man kann die Entwicklung von Atomwaffen als die Weiterentwicklung des Bestrebens auffassen, die Feuerkraft des Militärs zu steigern. In diesem Sinne ist ihr Einsatz im Rahmen zwischenstaatlicher

Kriege denkbar, um größere Truppenkonzentrationen des Gegners zu vernichten, stark befestigte Militäreinrichtungen zu zerstören oder das Vorrücken des Gegners zu verhindern. Auch die Zerstörung ganzer Städte wie in Hiroshima und Nagasaki zur Brechung der „Moral" des Kriegsgegners ist möglich. Atomwaffen sind deshalb ein wirksames Instrument der Erpressung gegenüber Staaten, die über keine verfügen. Letztlich war dies auch die Hauptart, in der Atomwaffen seit 1945 angewandt wurden – nicht indem man sie zur Explosion brachte, sondern indem man sie als Drohkulisse und zur Einschüchterung nutzte. All dies fügte sich in den normalen Rahmen zwischenstaatlicher Kriegführung ein, ergänzte und modifizierte sie, änderte sie aber nicht grundlegend.

Allerdings: Während des Kalten Krieges bauten die Sowjetunion und die USA ihre Atompotenziale massiv aus, und verfügten 1986 zusammen über mehr als 64.000 atomare Sprengköpfe. Diese gewaltige Zerstörungskraft überstieg alles, was für die taktische Nutzung von Atomwaffen in zwischenstaatlichen Kriegen erforderlich oder nützlich gewesen wäre. Die militärische Feuerkraft hatte jeden Rahmen gesprengt, der in „normalen" Kriegen anwendbar gewesen wäre – und ein Niveau erreicht, das die Vernichtung der gesamten Menschheit möglich machte. Ein solches Ausmaß der Zerstörungskraft hatte es zuvor in der gesamten menschlichen Geschichte noch nie gegeben.

Zwei widersprüchliche Erwägungen führten zu diesem Ergebnis: erstens die Überlegung, durch einen massiven atomaren Überraschungsangriff den Gegner (die USA bzw. die Sowjetunion) mit einem Schlag kampfunfähig zu machen, bevor es zu einem lang andauernden und verlustreichen Krieg kommen würde. Eine plötzliche Vernichtung der Kommandozentren, Raketensilos, Kommunikationszentren, strategischen Flugplätze usw. würde den jeweiligen Gegner „enthaupten", ihn blind, orientierungslos und unfähig machen, einen Krieg zu führen oder zurückzuschlagen. Dazu wäre die Fähigkeit nötig gewesen, alle relevanten Zweitschlagsfähigkeiten zu vernichten, bevor diese eingesetzt werden konnten. Entsprechend brauchte man große Bestände an Atomsprengköpfen.

Aber zweitens wäre eine solche „Enthauptung" stets riskant. Selbst wenn ein Gegenschlag nur von einem Bruchteil der Atomsprengkräfte des Gegners durchgeführt werden könnte, hätte dies für den Angreifer vermutlich eine verheerende Wirkung, da ganze Städte und Millionen von Menschen vernichtet werden würden. Dieses Risiko wollten weder die USA noch die Sowjetunion (oder Russland) jemals eingehen. Die resultierende Unmöglichkeit, einen strategischen Atomkrieg zu führen, führte zur Doktrin der gegenseitigen „Abschreckung". Danach konnte der Frieden dadurch aufrechterhalten werden, dass beide Gegner über so schreckliche Vernichtungsmittel verfügten, dass sie jeweils aus Furcht vor der eigenen Vernichtung keinen Krieg beginnen konnten. In seiner extremsten Form wurde dies als Doktrin der „gegenseitig zugesicherten Zerstörung" (*mutually assured destruction*, MAD) bezeichnet, man spricht auch vom „Gleichgewicht des Schreckens". In einer informellen Sprache formuliert „Wer zuerst angreift, stirbt als Zweiter". In dieser bizarren Logik der gegenseitigen Vernichtung konnten selbst absurd große Mengen an Atomsprengköpfen noch als sinnvoll erscheinen.

Wir haben in diesem Kapitel gesehen, dass eine historische Betrachtung des Krieges zu seinem Verständnis vieles beitragen kann: Sie macht den Blick frei auf die Veränderung des Krieges seit Beginn der historischen Überlieferung. Dabei wird deutlich, dass sowohl technologische Entwicklungen als auch Veränderungen in den Gesellschaften die wesentlichen Triebfedern waren und sind. Zum anderen zeigt ein historischer Rückblick, dass es nie nur eine Art des Krieges, sondern zumindest mehrere Grundtypen gab, die sich bis heute fortentwickelt haben.

Krieg und Völkerrecht

Eine bisher nicht angesprochene Erkenntnis aus der Geschichte ist, dass es seit anderthalb Jahrhunderten Bestrebungen gibt, den bis ins 19. Jahrhundert rechtlich ungehemmten und ungeregelten Krieg zu „humanisieren" oder zumindest völkerrechtlichen Regeln zu unterwerfen.

Lange war Krieg nicht juristisch geregelt oder hatte irgendetwas mit einem Rechtssystem zu tun. Zwar gab es in der Geschichte des Krieges in verschiedenen Kulturen und Regionen immer wieder ethische Richtlinien für die Kriegführung, aber häufig wurden diese ignoriert, sobald sie als lästig oder störend empfunden wurden. So schützte der Code einer „Ritterlichkeit" in der Kriegführung des europäischen Mittelalters nicht vor massenweiser Plünderung, Vergewaltigung und dem Niederbrennen ganzer Landstriche. Das religiöse Gebot, dass Muslime keine Muslime töten dürften, wurde nicht stärker beachtet als das christliche Tötungsverbot. Und der „pazifistische" Charakter des Buddhismus hinderte buddhistische Könige nicht daran, ebenso blutige Kriege zu führen wie andere. Immer wieder gab es Versuche, den Krieg durch (meist religiöse) Regeln zu verhindern oder zu mäßigen, aber selten war diesen längerfristiger Erfolg beschieden. Krieg blieb faktisch ungeregelt. Das „Recht zum Krieg" war umgekehrt eines der wichtigsten Kriterien für die Souveränität eines Herrschers. Aber selbst dieses „Recht" war selten eine juristische Kategorie, sondern primär eine ideologische, philosophische oder legitimatorische. Ein König war erst dann ein richtiger König, wenn er nach Belieben Kriege führen konnte. Und in vielen Gesellschaften hatte der Herrscher (selten die Herrscherin) nicht nur das Recht zur Kriegführung, sondern gewissermaßen auch die Pflicht: Seine Legitimität hing stark davon ab, dass er erfolgreich Krieg führte. Krieg konnte Beute und Ruhm einbringen und ohne beides waren Herrscher schwach. Regeln und gar rechtliche Einschränkungen konnten da nur im Wege sein. Die Regeln der Kriegführung beschränkten sich im Wesentlichen auf die Regeln der militärischen Effizienz.

Heute ist Krieg zumindest zum Teil rechtlich geregelt. Wir verfügen heute sowohl über ein allgemeines Völkerrecht, das regelt, wann Kriege erlaubt oder verboten sind, als auch über ein spezielles Kriegsvölkerrecht, das regelt, welchen Einschränkungen die eigentliche Kriegführung unterliegt. Der Beginn des langen Prozesses der Verrechtlichung lag am Ende des Dreißigjährigen Krieges, 1648, als in Münster und Osnabrück der Westfälische Frieden ausgehandelt wurde. Der Krieg hatte volle drei Jahrzehnte lang vor allem Mitteleuropa verwüstet, ein Drittel der dortigen Bevölkerung war ums Leben gekommen. Während und nach dem Krieg waren die Staatsapparate – insbesondere in Frankreich – gestärkt und funktionsfähiger geworden, eine Voraussetzung für den bald aufkommenden Absolutismus. Da selbst Länder in Randlage wie Spanien und Schweden wirtschaftlich und politisch geschwächt aus ihm hervorgingen, bestand ein gemeinsames Verständnis, dass sich eine solche Katastrophe nicht wiederholen solle. So verpflichteten sich die Staaten, sich zukünftig nicht mehr in die inneren Angelegenheiten anderer einzumischen. Dazu gehörte auch, unterschiedliche Religionszugehörigkeiten in anderen Ländern zu respektieren – offiziell war der Krieg zwischen Katholiken und Protestanten (bzw. Herrschern beider Konfessionen) geführt worden. Künftig würden die Herrscher über die Religionszugehörigkeit ihrer Untertanen bestimmen, und kein anderer Herrscher hatte das Recht, hier Einfluss zu nehmen. Anders ausgedrückt: Die Herrscher Europas garantierten sich gegenseitig ihre Souveränität auf dem eigenen Staatsgebiet. Das war die Geburtsstunde des modernen Völkerrechts. Seine Entfaltung bis zum heutigen Stand dauerte über dreihundert Jahre und erreichte erst nach dem Zweiten Weltkrieg eine halbwegs stabile Form.

Heute gründet sich das Völkerrecht vor allem auf die UN-Charta, also auf das Gründungsdokument der Vereinten Nationen (UNO), der Gemeinschaft fast aller Staaten. Dort wird auch festgelegt, ob und unter welchen Umständen Krieg erlaubt oder verboten ist. Die Präambel der UN-Charta beginnt mit den Worten, es sei das Ziel „künftige Geschlechter vor der Geißel des Krieges zu bewahren, die zweimal zu unseren Lebzeiten unsagbares Leid über die Menschheit gebracht hat". Dies stellt zwar noch keine rechtlich verbindliche Handlungsanweisung dar, macht aber deutlich, vor welchem Hintergrund und in welcher Absicht diese Charta formuliert worden war. Artikel 1 benennt weitere Ziele und Grundsätze der UNO. Für unser Thema bedeutsam ist bereits der erste Satz, der das Ziel formuliert,

„den Weltfrieden und die internationale Sicherheit zu wahren und zu diesem Zweck wirksame Kollektivmaßnahmen zu treffen, um Bedrohungen des Friedens zu verhüten und zu beseitigen, Angriffshandlungen und andere Friedensbrüche zu unterdrücken und internationale Streitigkeiten oder Situationen, die zu einem Friedensbruch führen könnten, durch friedliche Mittel nach den Grundsätzen der Gerechtigkeit und des Völkerrechts zu bereinigen oder beizulegen".

Die Verhütung und Beendigung von Kriegen stellt also ein besonders wichtiges Ziel der UNO dar. Artikel 2 setzt die Aufzählung der Ziele und Absichten fort und formuliert dabei auch allgemeine Handlungsprinzipien. Darüber hinaus bekräftigt dieser Artikel den seit dem Westfälischen Frieden gültigen „Grundsatz der souveränen Gleichheit" aller UN-Mitglieder. Die UN-Charta verbietet Gewalt zwischen Staaten:

„Alle Mitglieder legen ihre internationalen Streitigkeiten durch friedliche Mittel so bei, daß der Weltfriede, die internationale Sicherheit und die Gerechtigkeit nicht gefährdet werden. Alle Mitglieder unterlassen in ihren internationalen Beziehungen jede gegen die territoriale Unversehrtheit oder die politische Unabhängigkeit eines Staates gerichtete oder sonst mit den Zielen der Vereinten Nationen unvereinbare Androhung oder Anwendung von Gewalt."

Anders ausgedrückt: Das Völkerrecht verbietet durch die UN-Charta Krieg und andere Formen von militärischer Gewalt. Krieg ist prinzipiell völkerrechtswidrig, also illegal.

Davon gibt es nur zwei Ausnahmen: Artikel 51 stellt fest, dass das Verbot von Krieg nicht gelte „im Falle eines bewaffneten Angriffs gegen ein Mitglied der Vereinten Nationen". Es gebe ein „naturgegebenes Recht zur individuellen oder kollektiven Selbstverteidigung". Ein Staat, der angegriffen wird, hat das Recht, sich auch mit kriegerischen Mitteln zu verteidigen. Dieses Recht zur militärischen Selbstverteidigung gilt allerdings nicht unbegrenzt, sondern nur, „bis der (UN-)Sicherheitsrat die zur Wahrung des Weltfriedens und der internationalen Sicherheit erforderlichen Maßnahmen getroffen hat".

Neben dem Selbstverteidigungsrecht gibt es nur noch eine zweite Möglichkeit, dass Krieg und militärische Gewalt völkerrechtlich erlaubt sein können: wenn der UN-Sicherheitsrat dies beschließt. Erneut gibt es aber eine Einschränkung: Der Sicherheitsrat darf den Einsatz von Gewalt nur beschließen, wenn dies der „Wahrung oder Wiederherstellung des Weltfriedens und der internationalen Sicherheit" dient. Andere Zwecke, auch humanitärer Art, sind damit prinzipiell ausgeschlossen. Artikel 42 der UN-Charta formuliert:

> „Ist der Sicherheitsrat der Auffassung, daß die in Artikel 41 vorgesehenen [nicht-militärischen] Maßnahmen unzulänglich sein würden oder sich als unzulänglich erwiesen haben, *so kann er mit Luft-, See- oder Landstreitkräften die zur Wahrung oder Wiederherstellung des Weltfriedens und der internationalen Sicherheit erforderlichen Maßnahmen durchführen.* Sie können Demonstrationen, Blockaden und sonstige Einsätze der Luft-, See- oder Landstreitkräfte von Mitgliedern der Vereinten Nationen einschließen."

Insgesamt ist die Sicht des Völkerrechtes also recht übersichtlich, was das „Recht zum Krieg" betrifft: Kriegführung ist verboten, außer zur Selbstverteidigung oder wenn der UN-Sicherheitsrat zur Sicherung oder Wiederherstellung des Weltfriedens einen Einsatz von militärischer Gewalt befiehlt. Auch wenn ganze Rudel von Juristen in Washington, Moskau und anderswo viel Zeit darauf verwandt haben, einen Weg zur juristischen Verhüllung dieser Tatsache und zur Rechtfertigung von Ausnahmen zu finden – Krieg ist illegal, außer in diesen beiden, eng begrenzten Fällen.

Wenn das die gute Nachricht war, dann folgt sogleich die schlechte: Das Völkerrecht als Rechtssystem unterscheidet sich immer noch grundlegend von innerstaatlichem Recht. Der US-amerikanische Angriff und die militärische Besetzung des Irak ab 2003 beispielsweise erfolgten nicht zur Selbstverteidigung und ohne UN-Mandat, waren also illegal. Die rechtlichen, politischen oder sonstigen Folgen für den Angreifer waren aber sehr gering, wenn man vom Scheitern dieses Krieges einmal absieht. Etwas anders stellte sich die Lage seit 2022 beim Angriffskrieg Russlands auf die Ukraine dar, als zahlreiche internationale Sanktionen gegen den Aggressor verhängt wurden – wenn auch außerhalb der UNO. Dies stand im klaren Gegensatz zu seiner Annexion der Krim 2014 und seinem hybriden Krieg im ostukrainischen Donbass, die nur geringe Sanktionen nach sich zogen. Allerdings lag die weit härtere Reaktion nur zum kleinen Teil am völkerrechtswidrigen Charakter des Ukrainekrieges. Der Hauptgrund dürfte gewesen sein, dass dieser die Interessen vieler europäischer Länder und der USA direkt herausforderte und dort als Bedrohung empfunden wurde.

Das Völkerrecht macht die UNO zur entscheidenden Instanz zur Wahrung und Wiederherstellung des Weltfriedens, was prinzipiell eine gute Idee wäre (eine Idee, die in Band 3 dieser Trilogie näher behandelt wird). Allerdings befindet sich der UN-Sicherheitsrat, der alle militärisch relevanten Entscheidungen zu treffen hätte, unter der faktischen Kontrolle der Siegermächte des Zweiten Weltkriegs, also der USA, Großbritanniens, Frankreichs, Chinas, und der Sowjetunion (also heute Russlands). Jedes dieser Länder kann durch ein Veto eine Entscheidung verhindern. Abgesehen davon, dass man so die Böcke zu Gärtnern macht, weil Großmächte häufiger das Völkerrecht brechen als Kleinstaaten, ist dies eine Konstruktion, die die UNO häufig lähmt und handlungsunfähig macht. Der Sicherheitsrat ist nur handlungsfähig, wenn alle seiner Ständigen Mitglieder dies wollen, und dies war in Zeiten des Kalten Krieges und ist heute eher selten. Damit liegt die Durchsetzung des Völkerrechts und auch des Gewaltverbots in den internationalen Beziehungen ausgerechnet bei einem Gremium, in dem die häufigsten Rechtsbrecher die entscheidenden Machtpositionen haben und das darüber hinaus oft handlungsunfähig ist. Im Völkerrecht spielt der Sicherheitsrat also die zentrale Rolle bei der Kriegsvermeidung und Friedenserzwingung – er ist das entsprechende Entscheidungsgremium und zugleich ein Quasi-Gericht, also Exekutive und Judikative zugleich. Seine Mitglieder sind aber alles andere als unabhängig und neutral, sondern oft selbst Konfliktpartei, und sie können ihn jederzeit lahmlegen, wenn ihnen dies Vorteile verschafft. Das Völkerrecht als Rechtssystem verfügt also im Unterschied zu den innerstaatlichen Rechtssystemen in Hinblick auf Krieg und Frieden weder über ein unabhängiges Gericht, an das man sich bei Rechtsbrüchen wenden könnte, noch über eine neutrale Durchsetzungsinstanz, vergleichbar einer innerstaatlichen Polizei. In gewissem Sinne handelt es sich also gar nicht um ein System durchsetzbaren Rechts, sondern um Regeln und Normen, die nur durchgesetzt werden können, wenn die Großmächte dies für sinnvoll halten.

Das humanitäre Kriegsvölkerrecht – also das „Recht im Kriege" im Unterschied zum „Recht zum Kriege" – muss davon deutlich unterschieden werden. Es hat sich seit mehr als anderthalb Jahrhunderten schrittweise herausgebildet. Dabei spielten immer wieder die Erfahrungen eines „unnötigen" Leidens in den jeweils letzten Kriegen eine Rolle, um über neue Regelungen für die Zukunft nachzudenken. Die entsprechenden internationalen Abkommen wurden zuerst auf Konferenzen der damaligen Großmächte ausgehandelt, nach dem Zweiten Weltkrieg häufig im Rahmen der UNO, teilweise aber auch außerhalb. Sie sind nicht „aus einem Guss", sondern meist von Fall zu Fall und aufgrund der Rahmenbedingungen und des politischen Drucks von Staatengruppen oder aus den Gesellschaften entstanden. Darüber hinaus ist das humanitäre Kriegsvölkerrecht immer ein Kompromiss zwischen den Versuchen, den Krieg zu regulieren und möglichst zu „zivilisieren", und den praktischen Erfordernissen der Kriegführung. Der Versuch einer „Humanisierung des Krieges" ist selbst ein Paradoxon, da der Krieg im Kern immer unmenschlich ist und von seinem Wesen her sein muss. Er kann im besten Fall zwar reguliert und in den Mitteln begrenzt, aber nicht „human" werden. Im Kern zielt das humanitäre Kriegsvölkerrecht darauf, „militärisch unnötige" Grausamkeiten zu beschränken, was die humanitäre Barbarei der „militärisch notwendigen" Grausamkeiten aber nicht aufheben kann. Darüber hinaus gelten manche Abkommen nicht universell, sondern nur für diejenigen Staaten, die sie unterzeichnet und ratifiziert haben. Das trifft vor allem auf die Abkommen zur Ächtung von Anti-Personen-Minen, das Verbot der Streumunition oder die Geltung des Internationalen Strafgerichtshof zu, die jeweils von wichtigen Mächten abgelehnt werden. Nicht nur im Westen eher unbeliebte Staaten (wie Russland oder der Iran) entziehen sich solchen internationalen Regeln, sondern auch westliche oder pro-westliche Länder, wie die USA oder die Ukraine.

Wir haben hier nicht die Möglichkeit, die verschiedenen Abkommen des humanitären Kriegsvölkerrechts jeweils näher zu besprechen. Deshalb muss es uns reichen, deren wichtigste chronologisch aufzulisten (▷ Tab. 1).

Tab. 1: Chronologie der Abkommen des humanitären Kriegsvölkerrechts

Jahr	Abkommen	Inhalt
1864	Erste Genfer Konvention	Schutz verwundeter Personen und medizinischer u. a. Hilfskräfte
1899	Haager Landkriegsordnung	erste Beschränkung der erlaubten Waffen und Taktiken, Unterscheidung von militärischen und zivilen Zielen, Schutz bestimmter Gebäude oder baulicher Einrichtungen (etwa von kultureller oder wissenschaftlicher Bedeutung)
1907	Erweiterung der Haager Landkriegsordnung	u. a. Bestimmungen zu den Rechten und Pflichten neutraler Staaten
1925	Genfer Protokoll	Verbot der Verwendung von erstickenden, giftigen oder ähnlichen Gasen sowie von bakteriologischen Mitteln im Kriege
1929	Abkommen über die Behandlung der Kriegsgefangenen	Regelungen über die Gefangennahme, die Unterbringung, Ernährung und Behandlung von Kriegsgefangenen
1948	Konvention über die Verhütung und Bestrafung des Völkermordes	Internationale Ächtung von Völkermord, die diesen Begriff auch erstmals definiert. 1968 wurde zudem eine Nicht-Verjährung von Kriegsverbrechen und Verbrechen gegen die Menschlichkeit beschlossen.
1949	Vier Genfer Abkommen	teilweise Überarbeitung früherer Verträge, Hinzufügen eines Abkommens zum Schutz der Zivilbevölkerung in bewaffneten Konflikten

1971	Biowaffenkonvention	Verbot biologischer Waffen
1977	Zwei Zusatzprotokolle zu den Genfer Abkommen	Präzisierung und Erweiterung der Bestimmungen für interne (also nicht-internationale) Gewaltkonflikte
1980	Konvention über bestimmte konventionelle Waffen	Verbot oder Beschränkung des Einsatzes konventioneller Waffen, die übermäßige Leiden verursachen oder unterschiedslos wirken können
1993	Chemiewaffenkonvention	Verbot chemischer Waffen
1997	Ottawa Konvention	Verbot von Anti-Personen-Minen
1998/2002	Statut von Rom	Einrichtung eines Strafgerichtshofs, vor dem Täter verurteilt werden können, die Völkermord, Kriegsverbrechen usw. begangen haben
2010	Streubombenkonvention	Verbot des Einsatzes, der Herstellung und der Weitergabe von bestimmten Typen von konventioneller Streumunition

Quelle: eigene Zusammenstellung

Die verschiedenen Elemente des Kriegsvölkerrechts sind in unterschiedlichem Maße erfolgreich dabei, den Krieg einzuhegen und zu regulieren, um „militärisch unnötige" Grausamkeiten zu vermeiden. Es stellt sich aber auch hier das Problem des Völkerrechts insgesamt, dass bei Rechtsbrüchen nicht gesichert ist, die Rechtsbrecher zur Verantwortung zu ziehen. Darüber hinaus gelten manche Abkommen im Unterschied zur UN-Charta ohnehin nicht für alle 193 Mitgliedsstaaten, sondern nur für die jeweiligen Unterzeichner. Aber selbst bei allgemeiner Gültigkeit wirken viele Abkommen nicht im gewünschten Maße: Trotz des angestrebten Schutzes der Zivilbevölkerung sind rund 90 Prozent aller Kriegsopfer Zivilisten. Der Krieg im Gazastreifen seit Oktober 2023 macht dies noch einmal deutlich.

Die Logik des Krieges

Kriege lassen sich natürlich nach einfachen Kriterien unterscheiden, etwa mit der Unterscheidung von großen oder kleinen Kriegen, was sich beispielweise anhand der Zahl der eingesetzten Soldaten oder der zivilen und militärischen Toten messen lässt. Auch ein Unterschied zwischen konventionellen und Atomkriegen liegt nahe, obwohl sich dieser einfache Unterschied im bisher einzigen Fall eines Einsatzes von Atomwaffen (die US-Bomben gegen Hiroshima und Nagasaki) nicht aufrecht erhalten lässt – kaum jemand würde den Zweiten Weltkrieg umstandslos als „Atomkrieg" einordnen. Wenn wir allerdings an einen sogenannten „strategischen Atomkrieg" denken, ändert sich das Bild: Ein Krieg, der *vor allem* mit Atomwaffen geführt würde, wäre mit dem Zweiten Weltkrieg nicht zu vergleichen und könnte im Extremfall die Existenz der ganzen Menschheit bedrohen. Es gibt noch viele andere Möglichkeiten, Kriege zu kategorisieren. Aber am sinnvollsten ist die Einteilung in zwischenstaatliche Kriege einerseits und Bürgerkriege andererseits: Es liegt auf der Hand, dass Kriege zwischen Staaten anderen Regeln folgen als solche, die innerhalb eines gemeinsamen Landes ausgetragen werden. Darauf werden wir gleich noch ausführlicher zurückkommen. Innerhalb der Kategorie der zwischenstaatlichen Kriege lassen sich darüber hinaus Kriege zwischen Ländern mit ähnlich hohem Machtpotenzial von solchen unterscheiden, bei denen ein deutlich überlegener Staat einen kleineren, schwächeren angreift. Es ist ein großer Unterschied, ob etwa Frankreich und Deutschland oder der Iran und der Irak Krieg gegeneinander führen, oder ob Russland Georgien oder die USA Panama oder Grenada militärisch angreifen. Es ist offensichtlich, dass solche Kriege sehr unterschiedlich geführt werden und anders verlaufen.

Es ließen sich noch zahlreiche weitere Möglichkeiten aufzählen, zwischen verschiedenen Kriegstypen zu unterscheiden. Dies würde aber für ein tieferes Verständnis des Krieges wenig beitragen. Wenn wir von einem denkbaren strategischen Atomkrieg einmal absehen, gibt es letztlich zwei Grundtypen, die jeweils einer deutlich eigenen Logik folgen: einmal Kriege, die zwischen ähnlich organisierten und bewaffneten regulären Streitkräften geführt werden, und andererseits Kriege, bei denen mindestens eine Seite über keine regulären Streitkräfte verfügt. Diese Seite hat selten eine Chance, sich in einem offenen Krieg gegen reguläre Truppen durchzusetzen und muss deshalb zu unkonventionellen Mitteln greifen.

Diese beiden grundlegenden Arten von Kriegführung wollen wir und nun jeweils näher ansehen. Ich habe mich entschlossen, sie als „zwischenstaatliche" und „innergesellschaftliche" Kriege zu bezeichnen, da der Begriff „konventioneller Krieg" bereits im Gegensatz zu einem Atomkrieg steht. Das soll aber nicht heißen, dass alle kriegerischen Handlungen zwischen Staaten „zwischenstaatliche Kriege" in unserem Sinne sind – als beispielsweise die USA in den 1980er Jahren im Stile eines Guerillakriegs Nicaragua mit Freiwilligen und

Söldnern angriffen, folgte dies eher der Logik eines „innergesellschaftlichen Krieges". Und umgekehrt gibt es Bürgerkriege, bei denen sich wie in zwischenstaatlichen Kriegen überwiegend konventionelle Streitkräfte gegenüberstehen. Der Amerikanische Bürgerkrieg (1861–1865) und – mit Einschränkungen – der Spanische Bürgerkrieg (1936–1939) können als Beispiele gelten. Auch der Koreakrieg (1950–1952) war in gewissem Sinn ein solcher Bürgerkrieg, wenn er auch mit besonders starker ausländischer Beteiligung geführt wurde. Solche Bürgerkriege waren vom Einsatz konventioneller Truppenverbände geprägt und folgten entsprechend der Logik „zwischenstaatlicher Kriege".

Zwischenstaatliche Kriege

Wenn wir hier von „zwischenstaatlichen" Kriegen sprechen, meinen wir damit also die traditionelle, klassische Form des Krieges, wie sie überwiegend in zwischenstaatlichen Konflikten zu beobachten ist: den Idealtypus, bei dem auf beiden Seiten organisierte Streitkräfte unter zentraler Führung gegeneinander kämpfen. Da die meisten Kriege der letzten Jahrzehnte zumindest auf einer Seite von Freiwilligenverbänden, Aufständischen, Milizen, autonomen Kriegsherren geführt wurden, ist diese traditionelle Form des Krieges nicht mehr die Regel, auch wenn sie unser Denken über den Krieg meist noch prägt.

Dieser Idealtyp des zwischenstaatlichen Krieges wird fast immer von den regulären Streitkräften der beteiligten Staaten geführt, auch wenn es vorkommen kann, dass meist staatlich organisierte Milizen in einer untergeordneten Rolle daran teilnehmen. Letztlich bestimmen die politischen Absichten der Kriegsparteien die Kriegführung, was bedeutet, dass die meisten Kriege nicht bis zur völligen Vernichtung des Gegners oder seiner Streitkräfte fortgesetzt werden. Einem Angreifer, dem es „nur" darum geht, eine Provinz seines Gegners zu erobern, ihn politisch oder wirtschaftlich zu schwächen oder seine Regierung zu erpressen oder zu stürzen, wird selten einen „totalen" Krieg der Vernichtung führen, da die Risiken und Kosten oft in keinem Verhältnis zum Ziel stehen. Sehen wir uns der Erfahrungen der letzten Jahrhunderte oder Jahrtausende an, dann sehen wir, dass die Ziele zwischenstaatlicher Kriege von einer bloßen Machtdemonstration über sehr viele Zwischenstufen bis zur völligen Vernichtung des Gegners reichen. Eine solche „Vernichtung" kann sich auf die gegnerischen Streitkräfte, den feindlichen Staat und sein Regierungssystem, oder sogar auf einen großen Teil der Bevölkerung beziehen, also Völkermord beinhalten.

Größe der Streitkräfte, ihre Feuerkraft und Mobilität

Welche Absichten die Kriegsparteien auch verfolgen mögen, so gelten bei diesen Kriegen zwischen Staaten, die durch ihr reguläres Militär geführt werden, doch bestimmte Regeln, die das Handeln und die Entwicklung des Krieges prägen. Dazu gehört, dass ein Erfolg („Sieg") im Krieg vor allem von drei gut messbaren, „objektiven" Faktoren abhängt, die miteinander verknüpft sind: der Größe der Streitkräfte, ihrer Feuerkraft und ihrer Mobilität.

- Wenn zwei Armeen mit ähnlicher Ausrüstung und Mobilität aufeinandertreffen und vergleichbare Stellungen einnehmen, dann werden in der Regel die *größeren Streitkräfte* einen militärischen Konflikt gewinnen. Die größeren Streitkräfte sind nicht immer und automatisch überlegen, weil sich Größe durch andere Faktoren ausgleichen lässt: Neben Vorteilen in Feuerkraft und Mobilität können kleinere Einheiten ihre zahlenmäßige Schwäche oft auch durch Faktoren wie eine bessere Führung ausgleichen. Ansonsten gilt aber: Große Armeen sind stärker und öfter erfolgreich als kleinere.
- Nehmen wir nun an, dass sich zwei mehr oder weniger gleich große Streitkräfte gegenüberstehen, die sich auch in ihrer Mobilität, Ausbildung usw. nicht grundlegend unterscheiden, dann werden militärische Auseinandersetzungen mit ziemlicher Sicherheit von derjenigen Kriegspartei gewonnen, die über die *größere Feuerkraft* verfügt. Das bedeutet praktisch: über mehr oder bessere

Waffen und die entsprechende Munition. Es liegt auf der Hand, dass in einem Krieg ein Mehr an Feuerkraft einen wichtigen Vorteil darstellt, der über Sieg oder Niederlage entscheiden kann.

- Schließlich ist Krieg in der Regel dynamisch und diejenigen Einheiten sind entscheidend im Vorteil, die über *größere Beweglichkeit* verfügen. Eine Armee, die sich schneller und weiter auf dem Schlachtfeld bewegen kann als der Gegner, kann diesen umgehen oder überraschen und sich so einen entscheidenden Vorteil verschaffen. Umgekehrt sind schwerfällige oder langsame militärische Einheiten deutlich im Nachteil, da sie in der Defensive überrascht werden können und zur Offensive nur eingeschränkt in der Lage sind.

Die militärische Wirksamkeit dieser drei „objektiven" Faktoren wird im Zusammenspiel die meisten Schlachten oder gar Kriege entscheiden. Allerdings gibt es zusätzlich noch eine Reihe weiterer, „subjektiver" Faktoren, die sich unter Umständen als entscheidend erweisen können. Zuerst zu nennen wäre die Qualität der Truppen, im Unterschied zu ihrer Größe. Diese hängt unter anderem von ihrer Motivation, ihrer physischen Verfassung und Ausbildung ab. Es sollte nicht überraschen, dass bei gleicher Größe, Bewaffnung und Mobilität gut motivierte, gesunde und gut ausgebildete Truppen wesentlich wirkungsvoller sind als erschöpfte, hungrige, desinteressierte und schlecht trainierte. Zweitens hängt ein großer Teil der Effektivität militärischen Einheiten davon ab, wie gut sie geführt werden. Kompetente und entschlossene

Offiziere sind im Krieg von unschätzbarem Vorteil, insbesondere, wenn die Gegenseite von inkompetenten oder unsicheren geführt wird.

Logistik, Aufklärung, Kommunikation

Schließlich spielen für den Erfolg oder Misserfolg im Gefecht oder Krieg auch zahlreiche Dinge eine Rolle, die nur indirekt etwas mit der Gewaltausübung zu tun haben. Dazu gehört die *Logistik*, die in modernen Kriegen kaum überschätzt werden kann. Die Soldaten benötigen Munition, Waffen, Fahrzeuge, Treibstoff, Ersatzteile und Nahrungsmittel, um überhaupt kämpfen oder auch nur marschieren zu können – und diese Güter müssen nicht irgendwann auf dem Gefechtsfeld zur Verfügung stehen, sondern zum rechten Zeitpunkt und an der richtigen Stelle. Panzer ohne Treibstoff sind weitgehend nutzlos, weil sie ihre Mobilität völlig verlieren, und eine Truppe ohne Nachschub verliert nach und nach ihre Einsatzfähigkeit. Die richtigen Güter während des Gefechts an die richtige Stelle zu liefern, stellt eine beträchtliche logistische Herausforderung dar. Aber ohne diese zu meistern, gerät der Krieg ins Stocken und kann sogar verloren werden. Je größer die Streitkräfte und je komplexer die Waffensysteme, desto wichtiger und anspruchsvoller ist diese Aufgabe.

Von fast ebenso hoher Bedeutung sind *Aufklärung und Nachrichtenwesen*. Es kann im Krieg schon sehr schwierig sein, über den genauen Standort und den Zustand der eigenen Einheiten zeitnahe und präzise Informationen zu erhalten – eine offensichtliche Voraussetzung, sie wirksam führen zu können. Aber es ist weit schwieriger, die gleichen Informationen über den Gegner zu erhalten. Dabei sind Kenntnisse über dessen Stärke, seine räumliche Verteilung und genauen Standorte, seine Bewegungsrichtung, Fähigkeiten, Schutzmaßnahmen und Absichten ganz entscheidend, um ihn erfolgreich bekämpfen zu können. Wer beispielsweise nicht weiß, wo sich die gegnerischen Streitkräfte aufhalten, kann diese weder angreifen noch sich wirksam verteidigen. Wer die Fähigkeiten des Feindes unter- oder überschätzt, wird die Kriegssituation falsch bewerten und falsche Entscheidungen treffen. Kurz und gut: Ohne umfassende, zutreffende und aktuelle Informationen über den Gegner kämpft eine Kriegspartei blind und deshalb wenig wirksam. Klassischerweise wurden (und werden) solche Informationen durch Wachposten, Patrouillen, Verhöre von Gefangenen und durch Spione oder Spitzel gesammelt. Entsprechend unzuverlässig waren sie und standen den Befehlshabern oftmals erst mit einiger Verzögerung zur Verfügung. Heute spielen technische Mittel eine herausgehobene Rolle, etwa durch Luft- oder elektronische Aufklärung. Dies bedeutet allerdings noch lange nicht, dass die gewonnenen Informationen alle zutreffend oder zuverlässig wären oder im rechten Moment an der richtigen Stelle vorlägen. Auch ein Übermaß an – oft widersprüchlichen – Informationen kann zum Problem werden. Es ist auch daran zu erinnern, dass das Sammeln von Informationen zwar die Grundlage eines zutreffenden Lagebildes darstellt, die Informationen aber erst durch fachkundige Auswertung und Analyse für die Kriegführung nützlich werden.

Schließlich ist die Qualität der *Kommunikationsmittel und -abläufe* für die Streitkräfte von hoher Bedeutung. Gerade bei großflächigen und komplexen Kriegshandlungen, etwa bei integrierten Land-, Luft- und Seeoperationen, muss eine gesicherte Übermittlung von Informationen und Befehlen gewährleistet sein. Dabei kommt es nicht allein auf die Zuverlässigkeit und die Geschwindigkeit der Informationsübermittlung an, sondern auch auf ihre Dauerhaftigkeit und die Gewährleistung ihrer Vertraulichkeit. Wenn es der gegnerischen Seite gelingt, die Übermittlung von Informationen zu beeinträchtigen oder zu unterbinden, können militärische Einheiten von ihren Kommandozentralen abgeschnitten und faktisch isoliert werden. Möglicherweise noch bedeutsamer ist es, wenn eine Streitmacht die Informationen des Gegners abfängt und entschlüsseln kann. In diesem Fall können die taktischen und sogar strategischen Absichten und Planungen der Gegenseite bekannt werden, was diese aufs Schwerste schädigt. Wenn im Krieg die eigenen Planungen dem Feind bekannt werden, sind Überraschungen und Überrumpelungen nicht mehr möglich, dagegen Hinterhalte durch die Gegenseite wahrscheinlich.

Beispiele taktischer Operationen

Alle (zwischenstaatlichen) Kriege, so schon Clausewitz in *Vom Kriege*, seien ein „erweiterter Zweikampf". Er formulierte: „Der Krieg ist … ein Akt der Gewalt, um den Gegner zur Erfüllung unseres Willens zu zwingen." Die Gewalt im Krieg ist nicht das Ziel, sondern ein Mittel. Das Ziel ist die Durchsetzung des eigenen Willens. Auch stellt die Gewalt nur ein Mittel neben anderen dar – z. B. die Überraschung oder die Täuschung. Es dürfte bereits klar geworden sein, dass Krieg nicht *nur* aus Gewalt besteht, dass ohne Gewalt ein Konflikt aber keinen Krieg darstellt. Dabei dient nicht *jede* Form der Gewaltausübung der Erreichung der Kriegsziele. Letztlich geht es darum, den Gegner – beziehungsweise seine Streitkräfte – wehrlos zu machen und so den eigenen Willen durchsetzen zu können. Dazu können militärische, psychologische, wirtschaftliche, diplomatische und andere Mittel beitragen. Wenn sie dies nicht tun, dann sind sie für den Kriegsverlauf irrelevant – auch wenn sie trotzdem furchtbare humanitäre Folgen haben können.

Es ist hier natürlich nicht möglich, sämtlichen denkbaren Kriegsverläufe nachzuzeichnen. Deshalb muss es genügen, die „Logik" eines Krieges an sehr wenigen Beispielen zu verdeutlichen.

Nehmen wir einmal an, dass sich auf einem Schlachtfeld zwei Armeen gegenüberstehen. Beide haben ihre Positionen zumindest grundlegend befestigt, etwa durch Bunker, Gräben, Minenfelder oder Panzersperren. Eine direkte „Vernichtung" des Gegners ist für keine Seite möglich. In einem solchen Fall ergeben sich zwei grundlegende Möglichkeiten: Die erste ist, nach einer möglichst schwachen Stelle des Gegners zu suchen. Wenn ein überraschender und schneller Angriff auf diesen Punkt (zu erträglichen eigenen Verlusten) nicht möglich sein sollte, nimmt man diesen Schwachpunkt längere Zeit unter möglichst massiven Beschuss. Sollte es gelingen, den Punkt dadurch weiter zu schwächen, erfolgt doch noch ein massiver Angriff an dieser Stelle – was aber häufig bedeuten wird, auch an anderen Orten anzugreifen, damit der Gegner nicht von dort Verstärkungen an die bedrohte Stelle verlegen kann. Bei einem erfolgreichen Frontdurchbruch an der fraglichen Stelle ergeben sich – oft blitzschnell – neue Möglichkeiten: Die gegnerischen Truppen werden in Unordnung oder gar Panik geraten und neue Angriffe aus einer bisher unerwarteten Richtung oder gar von hinter der Front werden möglich.

Der Erfolg einer solchen Angriffsoperation setzt allerdings meist voraus, zumindest an dem fraglichen Abschnitt der Front an Truppenzahl und Feuerkraft den Verteidigern deutlich überlegen zu sein. Diese verfügen ja über vorbereitete Verteidigungspositionen, während der Angreifer die eigenen zumindest während des Angriffs hinter sich lassen und relativ ungeschützt vorrücken muss. Dies wird leicht zu hohen Verlusten an Menschen und Material führen.

Eine Alternative zu dem direkten Angriff auf die feindlichen Linien könnte darin bestehen – und das ist die zweite grundlegende Möglichkeit –, einen Teil der eigenen Truppen für eine Umgehung der feindlichen Stellungen einzusetzen. Dies verspricht vor allem dann Erfolg, wenn es gelingt, diese Operation heimlich auszuführen – oder aber, wenn man insgesamt über eine Übermacht an Truppen verfügt, so dass man einen Teil der eigenen Einheiten an anderer Stelle einsetzen kann, ohne die eigene Frontstellung zu schwächen. Gelingt eine solche Umgehungsbewegung, werden die vorrückenden Einheiten den Gegner aus unerwarteter Richtung, nämlich von der Seite oder gar von hinten angreifen – ein unschätzbarer Vorteil. Wird diese Umgehung allerdings vom Gegner rechtzeitig entdeckt oder erfolgt sie unter Schwächung der eigenen Frontlinie (etwa, weil es für eine Umgehungsoperation an zusätzlichen Truppen fehlt und die von anderen Frontabschnitten verlegt werden müssen), dann ist sie mit hohem Risiko verbunden. Insbesondere kann sie den Gegner zu einem Angriff auf die geschwächte, zentrale Frontlinie einladen.

Diese Beispiele der Verwendung der Truppen im Gefecht können noch einmal die Verbindung der drei Hauptfaktoren – Größe, Feuerkraft und Mobilität der Truppen – verdeutlichen. Zuerst einmal wäre deutlich überlegene Feuerkraft (und vermutlich eine zahlenmäßige Überlegenheit) nötig, um einen direkten Durchbruch durch die gegnerischen Frontlinien zu erreichen. Bei dem Versuch eines Umgehungsmanövers wiederum müssten dafür einerseits ausreichend freie Truppen zur Verfügung stehen, zugleich brauchen diese eine gute Mobilität, um möglichst schnell und unentdeckt in den Rücken des Gegners zu gelangen. Bei schwerfälligen Einheiten in geringer Zahl wäre an ein solches Umgehungsmanöver gar nicht zu denken.

Wenn wir den Krieg weiter aus der Perspektive seiner einzelnen Gefechte (oder Schlachten) betrachten, dann wird auch deutlich, dass es bei Größe, Feuerkraft und Mobilität der Truppen nicht nur um zentrale Faktoren der Kriegführung geht, sondern dass diese eng mit den Faktoren Raum und Zeit verknüpft sind. Es reicht eben nicht, über eine große Feuerkraft oder eine große Armee zu verfügen – sondern es kommt darauf an, dass deren Fähigkeiten zum genau richtigen Zeitpunkt an der richtigen Stelle (und auf die richtige Weise) eingesetzt werden. In unserem Beispiel: Es reicht eben nicht, über insgesamt überwältigende Feuerkraft oder weit überlegene Truppengröße zu verfügen, wenn diese nicht im richtigen Moment zur Verteidigung des bedrohten Frontabschnittes (bzw. zu seiner Eroberung) eingesetzt werden. Auch insgesamt eigentlich unterlegene Truppen haben also dann eine Chance auf militärischen Erfolg, wenn es ihnen trotzdem zeitweilig gelingt, an dem aktuell zentralen Konfliktpunkt eine Überlegenheit herzustellen und auszunutzen. Nicht überall an der Front wird zu jedem Zeitpunkt gleich intensiv gekämpft. Wem es also gelingt, zum richtigen Zeitpunkt (und vorzugsweise überraschend) an einer potenziell entscheidenden Stelle eine zeitlich und räumlich begrenzte Überlegenheit herzustellen, der hat die große Chance, einen Durchbruch zu erzielen oder zu verhindern und so das Gefecht für sich zu entscheiden.

Wirtschaftliche Grundlagen des Krieges

Wir haben bisher von Gefechten gesprochen, die durch den koordinierten Einsatz von Größe, Feuerkraft und Mobilität der Streitkräfte dynamisch für eine Seite entschieden werden. Dabei sollte nicht vergessen werden, dass in der Geschichte immer wieder Gefechte (und große Schlachten) ergebnislos blieben, weil entweder eine Seite „das Gefecht verweigerte", sich also vor dem Beginn der Schlacht zurückzog oder dem Gegner bereits früher auswich, oder weil keine Seite einen Durchbruch erzielen konnte. Letzteres führte dann – besonders prominent im Ersten Weltkrieg – zu sogenannten „Materialschlachten", bei denen beide Seiten unter Einsatz ungeheurer Mengen an Feuerkraft und Soldaten dem Gegner schwerste Verluste zufügten, ohne einen Sieg zu erringen. Das Ergebnis bestand nach monatelangen Kämpfen im gegenseitigen Ausbluten beider Seiten, in immensen Verlusten an Menschen und Material, ohne dem Krieg eine Wendung geben zu können.

Dies bringt uns zu einer Frage, die zumindest in den letzten 150–180 Jahren immer wichtiger wurde. Lange Zeit wurde der Krieg idealistisch verklärt, und Dinge wie „Heldentum", „Tapferkeit" oder „Mut" standen im Zentrum des Denkens. Dies änderte sich durch den Fortschritt der Waffentechnik und dann die Industrialisierung immer mehr. Schon lange werden Kriege nicht mehr durch individuelle Tugenden oder Heldentum entschieden, sondern durch die Menge und Qualität der Waffen, Ausrüstung und Munition. Wenn ein Krieg durch die Überlegenheit einer Seite relativ schnell entschieden wird, spielt die Frage des Nachschubs eine vergleichsweise geringe Rolle. Vor Kriegsbeginn werden sich beide oder zumindest die angreifende Seite reichlich mit Kriegsgerät eingedeckt haben, so dass sie aus dem Vollen schöpfen können. Hat eine Seite dies versäumt, wird der Krieg möglicherweise sehr bald enden, weil Widerstand dann schnell schwierig wird. Dauert ein Krieg aber lange, weil beide Seiten zu stark sind, um vom Gegner überwältigt zu werden, aber zu schwach, um den Gegner selbst zu besiegen, ändert sich das Bild. Das gilt umso mehr, je größere Verluste beide Seiten erleiden, also am stärksten in den Materialschlachten. Wer den Gegner fast pausenlos mit Bomben, Raketen, Artillerie- oder Panzergeschossen unter Beschuss nimmt, wird ihm zwar vielleicht die Möglichkeit nehmen, weiter vorzurücken, und seine militärischen Fähigkeiten stark einschränken, braucht aber riesige Mengen an Munition und zuverlässigen Nachschub. Zerstörte Panzer, Flugzeuge oder Artilleriegeschütze müssen ersetzt, und große Mengen an Munition produziert und herangeschafft werden. Dazu kommen natürlich entsprechende Mengen an Treibstoff, da ein Panzer oder Kampfflugzeug sonst weitgehend nutzlos wäre. Wir haben oben gesehen, dass die Feuerkraft des Militärs im Krieg einen der wichtigsten Faktoren darstellt – und um diese Feuerkraft aufrechtzuerhalten oder gar zu stärken, müssen die entsprechenden Kampfmittel erst einmal hergestellt und dann wirksam an die Truppen geliefert werden. Prinzipiell lassen sich die meisten Rüstungsgüter auch auf dem internationalen Waffenmarkt kaufen, aber das kann leicht zu einer Abhängigkeit vom Ausland führen, die man gerade in Kriegszeiten gerne vermeiden möchte. Und meist müssen solche Käufe auch in Devisen bezahlt werden, was mitten im Krieg schwieriger sein kann als sonst, weil die eigene Produktion meist zum Teil oder ganz auf Militärprodukte umgestellt und der normale Außenhandel schwierig ist. Damit gerät die Fähigkeit, große Mengen möglichst hochwertiger Waffen und Munition zu produzieren, ins Zentrum der Kriegführung. Eine entsprechende industrielle Basis wird zum mitentscheidenden Kriegsfaktor. Heute bedeutet das nicht allein eine starke Kohle- und Stahlindustrie (wie noch im Ersten und Zweiten Weltkrieg) und eine sichere Versorgung mit Treibstoff, sondern auch entsprechende Kapazitäten im Maschinenbau und in der einschlägigen Hochtechnologie. Wer heute eine Überlegenheit bei der Feuerkraft erreichen möchte, braucht nicht primär große Mengen an militärischen Sprengstoffen, sondern auch hochpräzise, computergesteuerte Zielsysteme, spezialisierte Werkstoffe (etwa zur Konstruktion bunkerbrechender Waffen) und Aufklärungssatelliten, um nur wenige Beispiele zu nennen. Stünde in einem solchen Rahmen ein hochentwickeltes Industrieland einem gleich großen Agrarstaat mit gleich großer Armee gegenüber, dann dürfte auf der Hand liegen, wer einen länger andauernden Krieg besser bestehen wird.

Diese hohe Bedeutung der kriegsrelevanten Industrien und der logistischen Netzwerke zur Lieferung ihrer Erzeugnisse waren ein wichtiger Grund dafür, dass in den letzten hundert Jahren, also seit der Einführung der Luftwaffe ins moderne Kriegswesen gegen Ende des Ersten Weltkrieges, vernichtende Angriffe gegen die Industrie und die Verkehrsknotenpunkte weit hinter den Frontlinien ein so dramatisches

Ausmaß annehmen. Darauf werden wir an anderer Stelle zurückkommen.

Strategie und Taktik

Hier bleibt uns nur, einen Punkt nachzutragen. Bisher haben wir bestimmte Logiken des Krieges an wenigen, abstrakten Beispielen erläutert, die bestimmte Bausteine des Krieges, aber nicht den Krieg im Ganzen betreffen: Gefechte und Schlachten. Beides, der Krieg und seine Schlachten, darf aber nicht einfach gleichgesetzt werden. Es ist bekannt, dass man sich im Krieg auch „zu Tode siegen" kann – also viele Schlachten gewinnt, den Krieg jedoch verliert. Der Krieg insgesamt ist nicht einfach eine verlängerte und vergrößerte Schlacht. Zwar folgen Kriege und Schlachten manchen gemeinsamen Regeln, unterscheiden sich aber doch grundlegend.

Gefechte beziehungsweise Schlachten werden nach den Regeln der *Taktik* geführt, von denen oben einige angesprochen wurden. Wer einen Hügel erstürmen, eine Stadt erobern oder eine Division feindlichen Militärs zerstören möchte, wird dazu überlegen, wie die oben angesprochenen Faktoren Feuerkraft, Truppenstärke und Mobilität am besten eingesetzt werden können. Auch Mittel der Täuschung, der Überraschung oder Ähnliches wird er in Erwägung ziehen. Unter günstigen Voraussetzungen, bei kompetenter Führung und mit etwas Glück wird dieser Plan vielleicht gelingen. Ein solcher taktischer Erfolg kann, muss aber nicht zu einem Sieg im Krieg beitragen. Wenn die Erstürmung des Hügels oder die Einnahme der Stadt nichts dazu beitragen, dem Sieg im Krieg näherzukommen, wären sie entweder irrelevant oder sogar eine Ablenkung von wichtigeren Aufgaben. Die Relevanz einer bestimmten Operation im größeren Kriegszusammenhang zu bestimmen, ist die Aufgabe der *Strategie*, in offensichtlichem Unterschied zur Taktik. Während die Taktik darin besteht, ein Konzept für die Erreichung eines konkreten, begrenzten und feststehenden Ziels zu formulieren (z. B. die Erstürmung des erwähnten Hügels), geht es der Strategie darum, ein Konzept für die Führung des Krieges zu entwickeln. Es kann dabei nicht um die einzelnen Hügel, Städte oder bestimmte gegnerischen Militäreinheiten gehen, sondern um Grundlinien, wie die Kriegsziele zu erreichen sind. Sollen die gegnerischen Hauptstreitkräfte zerschlagen werden, oder wäre es sinnvoller, unter deren Umgehung die gegnerische Hauptstadt einzunehmen? Oder wäre es wirksamer, dem Gegner militärisch auszuweichen, bis er ermüdet oder aus politischen oder wirtschaftlichen Gründen den Krieg nicht fortsetzen kann? Oder sollte eine wichtige Provinz erobert werden, um diese als Druckmittel bei Verhandlungen einzusetzen? Es lassen sich viele weitere Grundansätze denken, die in einer Strategie mit den eigenen Mitteln, den Fähigkeiten des Gegners und den politischen Zielen verknüpft werden. Während eine Taktik bestimmt, wie ein bestimmter Hügel am besten erstürmt werden kann, entscheidet die Strategie darüber, wie (unter Berücksichtigung der eigenen Stärken und Schwächen) die

Ziele des Krieges insgesamt erreicht werden können. Dazu gehört prinzipiell auch die Wahl der Gefechte und Schlachten.

Bisher haben wir ausschließlich zwischenstaatliche, konventionelle Kriege behandelt, um deren Logik nachvollziehen zu können. Es hat sich gezeigt, dass einerseits qualitative Faktoren eine Rolle spielen, etwa der militärischen Führung oder der Kommunikation. Zugleich aber haben sich quantitative Faktoren als wichtig erwiesen. In gewissem Sinne gilt in den besprochenen Arten von Kriegen das Motto: „Viel hilft viel". Damit ist gemeint, dass in den meisten Kriegen insbesondere die Größe der Streitkräfte und deren Feuerkraft den Ausschlag gibt – wenn beides nicht durch die Mobilitätsvorteile einer Seite oder Unterschiede der Kompetenz ausgeglichen wird. Größere Streitkräfte, bessere und mehr Waffen und Munition, höhere operative Geschwindigkeit verschaffen in konventionellen zwischenstaatlichen Kriegen entscheidende Vorteile.

Innergesellschaftliche Kriege

Bei innergesellschaftlichen Kriegen gilt all das nicht oder nur mit großen Einschränkungen, da diese meist einer völlig anderen Logik folgen. Wir sprechen, wie gesagt, von innergesellschaftlichen oder Bürgerkriegen, weil bei dieser Art von

Kriegen häufig zumindest eine Seite nicht über ein konventionelles Militär verfügt, sondern aus Milizen, Freiwilligenverbänden, lokalen Kriegsherren, halbkriminellen Banden, aufständischen Jugendlichen, ethnischen Kampfverbänden, politisch-religiösen Gruppen, bewaffneten Parteiverbänden, übergelaufenen Soldaten oder Polizisten oder anderen Gruppen besteht. Die Kriege in Afghanistan (1979–2021), der Bürgerkrieg in Syrien (ab 2011) oder die Bürgerkriege in Libyen (2011–2012, dann ab 2014 in anderer Konstellation) sind Beispiele. Häufig kämpfen Allianzen verschiedener Gruppen gegen einen Staat und seine konventionellen Truppen oder gegen ausländische Besatzungstruppen. In Extremfällen kann es aber auch geschehen, dass der Staat selbst ebenfalls in zahlreiche Gruppen zerfallen ist.

Es bestehen zumindest zwei zentrale Unterschiede dieser Kriegsform zum konventionellen, zwischenstaatlichen Krieg:

- Zumindest auf einer Seite fehlt eine durchorganisierte und militärisch vollständig bewaffnete Armee (in modernen Zeiten z. B. ausgerüstet mit Panzern, Flugzeugen, Hubschraubern, weitreichender Artillerie, ggf. Kriegsschiffen). Diese Seite besteht meist aus leicht bewaffneten Milizen oder ähnlichen, informellen Kampfverbänden. Nur selten kommt es zu größeren Schlachten. Die Kriegführung ist stattdessen geprägt von vielen kleineren Gefechten wie Überfällen, Hinterhalten oder Bombenanschlägen. Deshalb gibt es auch keine festen, stabilen Frontverläufe. Darauf werden wir zurückkommen. Es ist keine Seltenheit, wenn mindestens auf einer Seite zudem eine zentrale Führung fehlt. Dann wird der Krieg von mehreren oder einer Vielzahl von Gruppen geführt, die oft nur lose verbunden sind oder sogar miteinander konkurrieren. Eine solche Zersplitterung stellt in der Regel eine weitere militärische Schwächung gegenüber einer zentral geführten, konventionellen Armee dar.

- Kaum jemals steht ein direkter militärischer Sieg im Zentrum, da dieser in aller Regel unmöglich ist. Eine Vielzahl bewaffneter Gruppen wird selten in der Lage sein, eine hochgerüstete staatliche Armee in direkter Konfrontation zu besiegen. Gegen Panzer und Kampfhubschrauber haben leicht bewaffnete Gruppen keine Chance, wenn sie in direkter Auseinandersetzung aufeinandertreffen. Erst wenn eine staatliche Armee aus politischen Gründen zerfällt, sich spaltet oder auflöst, können aufständische Milizen die Chance zu einem militärischen Sieg erhalten. Wenn eine rein militärische Logik gälte, würde sich die überlegene Feuerkraft durchsetzen. Umgekehrt wird allerdings auch eine militärisch haushoch überlegene Armee kaum eine Chance haben, eine Vielzahl aufständischer Gruppen rein militärisch zu besiegen. Denn diese Gruppen werden nicht auf die Idee kommen, sich in offener Schlacht zu stellen, sondern sich rechtzeitig zurückziehen – entweder in unwegsames Gelände oder sie werden sich in kleinen Gruppen unter die Bevölkerung mischen. In beiden Fällen wird auch ein sehr überlegenes Militär große Schwierigkeiten haben, militärische Ziele zu identifizieren, und hat deshalb kaum Möglichkeiten, seine überlegene Feuerkraft überhaupt sinnvoll einzusetzen. Deshalb ist ein mehr an Größe oder Feuerkraft selten nützlich.

In vieler Hinsicht sind solche unkonventionellen, innergesellschaftlichen Kriege zuerst politische und erst in zweiter Linie militärische Auseinandersetzungen. Beide Seiten konkurrieren um die Loyalität der Bevölkerung – wobei sie danach streben müssen, selbst akzeptiert zu werden, zugleich aber die Akzeptanz ihrer Gegenseite in der Bevölkerung zu untergraben oder zu zerstören. Eine Aufstandsbewegung beispielsweise kann sich gegen die militärische Übermacht des Staates auf Dauer nur behaupten, wenn sie von großen Teilen der Gesellschaft als legitim oder zumindest als das kleinere Übel akzeptiert wird. Dabei geht es nicht so sehr um militärische Erfolge, sondern um die politische Stärke oder Schwäche von Regierung und Aufständischen. Eine Regierung, die in der eigenen Gesellschaft isoliert ist und nicht mehr als legitim akzeptiert wird, wird zu einem Koloss auf tönernen Füßen und kann fragmentieren oder zerfallen. So entsteht auch für eine militärisch eigentlich unterlegene Aufstandsbewegung die Chance, die Regierung zu stürzen. Nebenbei ist die Bevölkerung aber auch militärisch bedeutsam. Ohne ihre Hilfe durch direkte Unterstützung, Versorgung, Informationen über die Geografie und vor allem den Gegner ist ein solcher Krieg kaum erfolgreich zu führen. Und politische Unterstützung lässt sich durch die wichtigsten Faktoren eines konventionellen Krieges – Größe, Feuerkraft und Mobilität der Truppen – kaum erreichen. In dieser Art von Krieg bedeuten mehr Truppen und mehr Feuerkraft nicht unbedingt einen Vorteil. Sie können sogar zu Nachteilen werden: Wenn ein Militär seine überlegene Feuerkraft und Personalstärke unpräzise, übertrieben oder leichtfertig einsetzt, werden leicht Zivilisten zu Opfern oder zumindest stark in Mitleidenschaft gezogen. So verliert der jeweilige Staat das Vertrauen und die Loyalität der Bevölkerung. Nicht selten werden Teile der Bevölkerung sich gar den Aufständischen anschließen, die als einziger Schutz vor den Brutalitäten des Militärs betrachtet werden.

Handelte es sich bei dieser Art von Krieg primär um eine gewaltsame, militärische Auseinandersetzung, dann stünde der Sieger fast immer fest: Es wäre die Regierung, die zumindest zu Beginn gemessen an den drei objektiven Faktoren fast immer über eine überwältigende militärische Überlegenheit verfügt. Ihr Problem besteht darin, dass sie ihre Übermacht aus politischen Gründen meist nicht umfassend nutzen kann, die Übermacht also zumindest teilweise bedeutungslos wird. So sind Kampfflugzeuge oder weitreichende Artillerie (über die eine bewaffnete Opposition selten verfügen) zur Bekämpfung von Angriffen auf Polizeistationen in Städten durch kleine Gruppen leicht Bewaffneter völlig ungeeignet. Auch der Einsatz schwerer Panzer ist unter solchen Bedingungen oft sinnlos, weil sie innerhalb dichter Bebauung kaum manövrieren können und ihre Sicht dort sehr eingeschränkt ist. Für konventionell ausgebildete und ausgerüstete Streitkräfte kann es extrem frustrierend sein, ihre gewaltigsten Waffen überhaupt nicht sinnvoll einsetzen zu können. Ihr Einsatz könnte zwar seine taktischen Ziele erreichen – die Vernichtung einer

Anzahl gegnerischer Kämpfer – würde aber den strategischen Notwendigkeiten entgegenlaufen, weil die unvermeidlich großen Opfer unter der Zivilbevölkerung den Regierungsgegnern mehr Unterstützung verschafften. Kaum etwas delegitimiert eine Regierung in einem innerstaatlichen Krieg stärker als Massaker oder „Kollateralschäden" an der eigenen Bevölkerung – und bei einem Einsatz schwerer Waffen in bewohntem Gebiet sind hohe Opfer unter der Zivilbevölkerung kaum zu vermeiden.

Das häufigste Missverständnis im Zusammenhang innergesellschaftlicher Kriege besteht in der Vorstellung, dass sie primär durch militärische Gewalt entschieden werden. Dies ist zwar prinzipiell nicht ausgeschlossen, insbesondere wenn eine militärisch überlegene Kriegspartei bereit ist, die Grenze zum Genozid zu überschreiten. Wenn eine Regierung bereit und in der Lage ist, Gewalt *grenzenlos* anzuwenden, also ohne jede Rücksicht auf ethische, juristische, politische oder andere Einschränkungen, dann ist ein militärischer Erfolg zumindest möglich. Ansonsten sind militärische Siege bei innergesellschaftlichen, unkonventionellen Kriegen, Aufständen und Aufstandsbekämpfungen selten, zumindest wenn eine Seite zuvor nicht bereits politisch verloren hat. Ein Sieg auf dem Schlachtfeld setzt voraus, dass es ein solches Schlachtfeld überhaupt gibt, was bei vielen innerstaatlichen Kriegen nicht der Fall ist. Wenn die Aufständischen mit der Zivilbevölkerung vermischt oder von Zivilisten nicht zu unterscheiden sind, dann setzt ein militärischer Sieg voraus, mit grenzenloser Gewalt auch gegen Zivilisten vorzugehen und zu ständigen Massakern und „ethnischen Säuberungen" bis zum Völkermord bereit zu sein. Die Zerstörung der Innenstadt von Hama 1982 durch die syrische Regierung zur Niederschlagung eines Aufstandes (5.000–20.000 Tote) oder die Massaker und Massenmorde der Regierung Guatemalas (ebenfalls 1982) sind Beispiele, dass ein solcher Weg durchaus erfolgreich angewandt wird. Nun sind zwar ethische Bedenken in solchen Kriegen ausgesprochen selten, aber politisch ist es nur selten möglich, ein solches Vorgehen auf Dauer durchzuhalten. Die überlegene Kriegspartei untergräbt damit ihre eigene Unterstützung in der Bevölkerung und treibt den Aufständischen Unterstützung zu. Selbst wo Beobachter den militärischen Sieg einer Kriegspartei festzustellen glauben, verwechseln sie oft Ursache und Wirkung: Der Sieg der Regierung Baschar al-Assad im syrischen Bürgerkrieg (seit 2011) wurde zwar militärisch vollzogen, aber erst möglich, weil die Opposition durch ihre Zersplitterung und Kämpfe untereinander den Krieg politisch bereits verloren hatte. Erst danach konnte das syrische Regime sich auch militärisch durchsetzen.

„Heldenhafte" Kriege? – Ideologie, Propaganda und Illusionen

Kriege sind immer eine Form militärischer Gewalt, aber ihre Bedeutung geht darüber weit hinaus. Sie verändern die kriegführenden Gesellschaften, und sie können auf Dauer nur geführt werden, wenn die Gesellschaften den Krieg unterstützen oder sich zumindest mit ihm abfinden. Eine Regierung kann kaum zugleich Krieg gegen einen äußeren Feind und gegen die eigene Gesellschaft führen. Deshalb sind die Wahrnehmung des Krieges durch die eigene Gesellschaft und das Management dieser Wahrnehmung ein wichtiger Teil der Kriegführung. Der bekannte Spruch, dass „im Krieg das erste Opfer die Wahrheit ist", ist meist zutreffend, aber noch verharmlosend: Es geht nämlich nicht allein um die Lüge als Kriegswaffe, sondern auch um die Manipulation der eigenen und fremden Gruppenidentitäten, um die Schaffung und Festigung von Feindbildern und um die Entmenschlichung des Kriegsgegners. Im Extremfall wird der Feind zum „Ungeziefer", das es nur noch zu vernichten gilt.

Manipulation, Identitätsbildung und Krieg

Die Manipulation des Denkens und Fühlens im Krieg – und für den Krieg – erfolgt dabei auf verschiedenen Stufen. Zuerst einmal ist Krieg durch seine Brutalität eine Angelegenheit, die kaum jemand leichtfertig begrüßen möchte. Hemmschwellen bis zur Abscheu vor der Gewalt müssen überwunden oder abgebaut werden – und deshalb braucht Krieg zuerst einmal Legitimation. Ein Krieg muss als gerechtfertigt und möglichst „gerecht" erscheinen, um in einer Gesellschaft akzeptiert zu werden. Wie wir bereits gesehen haben, werden deshalb sehr häufig die tatsächlichen Kriegsgründe geschönt oder erfunden, um in der eigenen Gesellschaft (und international) Kritik oder Widerstand zu vermeiden. Bemerkenswert ist, dass es dabei nicht immer auf die Glaubwürdigkeit der Gründe und Argumente ankommt. Als die Nazis 1939 Polen überfielen, war die Behauptung von angeblich zuvor erfolgten polnischen Angriffen kaum glaubwürdig. Als US-Präsident Bush 2003 den Krieg gegen den Irak befahl, sollte dies angeblich der Zerstörung irakischer Massenvernichtungswaffen dienen. Die „Beweise" dafür waren schon damals fadenscheinig und heute wissen wir, dass es solche Waffen überhaupt nicht gab. Und als der russische Präsident Putin im Februar 2022 seinen Krieg gegen die Ukraine begann, sollte dieser angeblich einer NATO-Aggression zuvorkommen und sich gegen ein vorgebliches Nazi-Regime in der Ukraine richten, beides Erfindungen ohne jede Grundlage, die außerhalb Russlands kaum jemand plausibel fand. Solche Propaganda soll selten Zweifler oder objektive Beobachter überzeugen, sondern denjenigen eine Möglichkeit zur Unterstützung bieten, die dies aus innen- oder außenpolitischen Gründen ohnehin möchten. In der Innenpolitik wird so ein Loyalitätsdruck erzeugt, der Widerstand erschwert. Wenn in Diktaturen zudem abweichende Meinungen verfolgt oder unterdrückt werden, wird es zur Bürgerpflicht, zu schweigen oder solche Lügen zu unterstützen. Auch so können Kriege zur Disziplinierung und Verhärtung von Gesellschaften beitragen. Kriege sind keine Zeit für Pluralismus und offene oder selbstkritische Diskussionen, sondern der freiwilligen oder erzwungenen Konformität.

Darüber hinaus sind Kriege eine Zeit, in der Identitäten neu bestimmt werden, sich oft verhärten und verstärkt voneinander abgrenzen. Dies geschieht zum Teil naturwüchsig, also ohne staatliches Zutun, weil das Morden und Getötet-Werden im Krieg ein Gefühl der Bedrohung und des „Wir oder sie" begünstigt. Während sich in friedlichen Zeiten zwei benachbarte Gesellschaften oft überlappen und zahllose Beziehungen zueinander ausbilden, stellt sich im Krieg nachdrücklich die Frage: „Wer sind wir eigentlich, und was unterscheidet uns vom Feind?" Die frühere „Erbfeindschaft" zwischen Deutschland und Frankreich ist ein Beispiel dafür, wie sich aus zahlreichen Kriegen gegeneinander trotz aller Ähnlichkeit gegensätzliche Identitäten bilden. In gewissem Sinne ist sogar das deutsche Nationalbewusstsein erst durch die Kriege mit Frankreich zum Durchbruch gekommen. Kriege tragen häufig dazu bei, dass sich Nationen erst bilden oder zumindest scharfe Gegensätze zu ihren Nachbarn ausbilden – die Staaten des ehemaligen Jugoslawiens sind ein jüngeres Beispiel. Es liegt auf der

Hand, dass Staaten und Regierungen solche naturwüchsigen Identitätsverhärtungen oft und gerne nutzen, entweder um die eigene Macht zu stärken oder einen Krieg besser führen zu können. Staatliche Propaganda nutzt die starken Gefühle der Kriegszeiten systematisch aus, um ihre Bevölkerung hinter die Regierung zu zwingen oder um die Motivation zur Kriegführung zu stärken. Die eigene Seite vertritt dann hohe Prinzipien, etwa die Demokratie und die Menschenrechte, den Sozialismus, oder den einen wahren Glauben. Oder die eigene Seite verkörpert eine bestimmte Gruppe oder Nation, die kulturell, biologisch oder sonst wie eine herausgehobene Stellung einnehme. Das war während der Zeit des Kolonialismus häufig zu beobachten, als Briten, Franzosen oder Deutsche glaubten, einen historischen Auftrag zu erfüllen. Ähnliches kann für ethno-nationale Gruppen gelten, wie etwa Palästinenser, Israelis, Kurden, Serben, Kroaten, Tamilen, Paschtunen und andere. Die besondere Stellung der eigenen ethno-nationalen Gruppe wird meist mit der berechtigten oder unberechtigten Annahme verknüpft, bedroht zu sein und sich gegen Fremde verteidigen zu müssen. Insgesamt geht es darum, die eigene Gruppenidentität zu stärken und dieser Gruppe eine moralische Aufgabe zuzuweisen: die Verteidigung gegen Bedrohung von außen, die Zivilisierung der Barbaren, die Durchsetzung des göttlichen Willens, der überlegenen Rasse oder der westlichen Werte. Meist verbirgt sich hinter diesen „hohen Zielen" allerdings die Verfolgung der eigenen Interessen, und zwar in der Regel vor allem der Interessen einer herrschenden Elite.

In Kriegszeiten kommt es häufig zu einer Moralisierung der Politik, indem „das Gute" gegen „das Schlechte" kämpfen solle, wobei das angebliche „Gute" immer die eigene Seite ist, das „Böse" aber der Feind. Dies führt einerseits zu einer Homogenisierung der eigenen Gruppe, zu einem Schließen der Reihen, und zu einer Festigung der eigenen Identität unter abgrenzenden und aggressiven Vorzeichen. Andererseits beinhaltet diese Stärkung der Identität unter Kriegsbedingungen (und oft auch ohne sie) meist die Abwertung anderer, also des Gegners. Dieser sei hinterhältig, verlogen, brutal, unmenschlich, unzivilisiert und stelle nicht nur eine militärische, sondern auch eine moralische Gefahr dar. Der Schritt zur Entmenschlichung ist hier nicht weit. Die Gegenseite wird nicht mehr als Gegner mit anderen Interessen, einer anderen Politik oder Geschichte wahrgenommen, was prinzipiell die Möglichkeit zu einem Interessenausgleich oder Kompromiss öffnen würde. Der Gegner ist kein menschlicher Gegner mehr, sondern ein unmenschlicher, völlig anderer, bösartiger Feind, mit dem eine Verständigung kaum noch vorstellbar ist. Er verliert seine menschlichen Eigenschaften und wird zu einer vagen, schattenhaften Kategorie, die nur noch das Böse symbolisiert. Er wird zum „Hunnen" (eine beliebte Bezeichnung für Deutsche während des Ersten Weltkriegs), zum Abschaum, zum Ungeziefer, zum Kommunisten, Terroristen oder Teufel. Wichtig ist für uns, dass manche dieser Begriffe in anderem Zusammenhang durchaus eine sinnvolle Bedeutung haben können – so gibt es natürlich tatsächlich Kommunisten, Nazis oder Terroristen. Im Kontext von Kriegspropaganda allerdings werden solche Begriffe anders benutzt:

Sie werden zu reinen Etiketten, die Abscheu ausdrücken und den Feind bezeichnen – unabhängig davon, ob eine Person oder Gruppe tatsächlich kommunistisch oder terroristisch ist. Wer im Kalten Krieg als Gegner westlicher Interessen wahrgenommen wurde, hatte sich damit das Etikett „Kommunist" verdient – und „nur ein toter Kommunist ist ein guter Kommunist". Und in den letzten Jahrzehnten wurden ganze Staaten, Straßenblockierer, Menschenrechtsorganisationen, Söldnertruppen, nationale Autonomiebewegungen, Kriegsgegner in Russland, Drogenkartelle, die katholische Universität in Nicaragua, bewaffnete Widerstandsbewegungen und sogar der Facebook-Konzern Meta (durch Russland, wo der Konzern auf einer entsprechenden offiziellen Liste steht) als „Terroristen" bezeichnet. Anfang August 2023 erklärte die Sprecherin des russischen Außenministeriums: „Das neonazistische Regime in Kiew baut das Ausmaß der Terrortätigkeit aus", was den russischen Überfall auf die Ukraine rechtfertigen sollte, und der nicaraguanische Diktator Ortega erklärte eine Reihe von katholischen Bischöfen zu „Terroristen", da sie mit der Opposition kooperierten. Die Liste solcher Beispiele ließ sich fast unbegrenzt fortsetzen.

In vielen Fällen liegt auf der Hand, dass solche Etikettierungen willkürlich, aus der Luft gegriffen und vor allem verleumderisch sind. Wenn der ehemalige US-Präsident Donald Trump in den USA immer wieder einen Kreuzzug gegen allgegenwärtige „Marxisten" oder „Sozialisten" im eigenen Land proklamiert, dann hat dies wenig mit der Realität der USA, sondern mit Demagogie zu tun. Im Herbst 2023 begann Trump auch damit, seine innenpolitischen

Gegner als Ungeziefer (*vermin*) zu bezeichnen – die Rhetorik eines offenen Bürgerkrieges. Auch dürften katholische Bischöfe oder Menschenrechtsaktivisten nicht allgemein als „Terroristen" bekannt sein, was sie vor entsprechenden Verleumdungen in manchen Ländern freilich nicht schützt.

Natürlich gibt es durchaus Akteure, die tatsächlich Anlass zur Kritik oder zum Widerstand bieten, weil sie etwa Menschenrechte verletzen oder sich gewalttätig verhalten. Gerade in Kriegszeiten wäre es außergewöhnlich, wenn man seinem Kriegsgegner überhaupt nichts vorwerfen könnte. Allerdings ist es meist unwichtig, ob entsprechende Vorwürfe berechtigt oder unberechtigt sind, da begründete Kritik oft in sehr kreativer Weise mit Übertreibungen und Erfindungen zu einem propagandistischen Gesamtkunstwerk verwoben wird. Tatsächliche Verfehlungen oder Verbrechen werden gerne aufgegriffen, um den zusätzlichen Übertreibungen und Lügen Glaubwürdigkeit zu verschaffen. Aber sie sind nebensächlich und dienen vor allem der Stärkung der eigenen Propaganda. Bei Feinden werden die negativen Aspekte betont und übersteigert, bei Freunden oder Verbündeten werden diese heruntergespielt oder ignoriert. Etikette wie „Kommunist" oder „Terrorist" dienen also nicht der tatsächlichen Beschreibung eines Gegners, sondern seiner Abwertung, der Rechtfertigung von massiver Gewalt und seines Ausschlusses aus der zivilisierten menschlichen Gesellschaft.

Wir haben oben bereits die Tendenz zur Entmenschlichung von Gegnern im Zusammenhang mit Kriegen erwähnt. Diese dient der politischen Rechtfertigung eines Krieges, zugleich aber auch der Stärkung der Gewaltbereitschaft. Frauen, Kinder und andere Zivilisten zu töten oder zu verstümmeln, kann vielen Soldaten sehr schwerfallen, insbesondere persönlich und aus kurzer Distanz. Ein „kommunistisches Dorf" oder eine „Stellung von Terroristen" zu zerstören, erscheint demgegenüber als eine militärische Routinemaßnahme, deren Berechtigung kaum infrage gestellt würde. Deshalb gehört die Entmenschlichung des Gegners durch abwertende oder emotionalisierende pauschale Begriffe zum Kernbestandteil vieler Kriege.

Der Krieg als Mittel der moralischen Reinigung

Schließlich gibt es im Krieg häufig eine Verherrlichung des Kriegs und seiner Gewalt. Diese gibt sich oft „moralisch", an bestimmten „Werten" orientiert. Ein klassisches Beispiel sind die Schriften, die Ernst Jünger nach seinen Kriegserfahrungen im Ersten Weltkrieg publizierte und in denen er eine Stimmung ausdrückte, die nicht nur in Deutschland bestand. Ausgangspunkt war für ihn wie für viele Zeitgenossen ein Gefühl der Leere und Banalität des Alltagslebens, ein massives Unbehagen an der modernen Gesellschaft, die jedes Sinnes entbehre. Die graue Masse würde dominieren, die wenigen Besonderen entwertet. So würden die Gesellschaften ausgezehrt und geschwächt, könnten ihre historischen Aufgaben nicht mehr erfüllen. Das Niveau ihrer Kultur würde sinken. Allerdings gebe es ein Gegenmittel: den Krieg. Der Krieg wurde als Quelle der geistigen und moralischen Erneuerung betrachtet, als der Weg zur Überwindung des engen Materialismus, Utilitarismus und der Vereinzelung in der modernen Gesellschaft. Jünger betont den persönlichen Mut, der aus der Bedeutungs- und Sinnlosigkeit herausführe – insbesondere den „männlichen". Und dieser wird mit dem Kampf und dem Krieg verknüpft. In *Der Kampf als inneres Erlebnis* (1926) heißt es beispielsweise:

> „Der Mannesmut ist doch das Köstlichste. In göttlichen Funken spritzt das Blut durch die Adern, wenn man zum Kampfe über die Felder klirrt im klaren Bewußtsein der eigenen Kühnheit. Unter dem Sturmschritt verwehen alle Werte der Welt wie herbstliche Blätter. Auf solchen Gipfeln der Persönlichkeit empfindet man Ehrfurcht vor sich selbst. Was könnte auch heiliger sein, als der kämpfende Mensch? … Mut ist der Wind, der zu fernen Küsten treibt, der Schlüssel zu allen Schätzen, der Hammer, der große Reiche schmiedete, der Schild, ohne den keine Kultur besteht. Mut ist der Einsatz der eigenen Person bis zur eisernsten Konsequenz, der Ansprung der Idee gegen die Materie, ohne Rücksicht, was daraus werden mag. Mut heißt, sich als einzelner ans Kreuz schlagen lassen für seine Sache, Mut heißt, im letzten Nervenzucken mit verlöschendem Atem noch den Gedanken bekennen, für den man stand und fiel. Zum Teufel mit einer Zeit, die uns den Mut und die Männer nehmen will!"

Der Krieg bilde also Kultur und den Charakter, er schaffe Männlichkeit. Jenseits solcher Kriegsrechtfertigungen sei der Krieg aber auch aus sich selbst heraus erstrebenswert, unabhängig davon, warum er überhaupt geführt wird. Friedrich von Bernhardi hatte dies in *Deutschland und der nächste Krieg* (1912) wenige Jahre vor Jünger so formuliert: „So ist auch im

Leben des Menschen der Kampf nicht nur das zerstörende, sondern auch das lebensspendende Prinzip."

Jünger sieht das sehr ähnlich. Letztlich aber sei ein „Sinn" des Krieges auch gar nicht mehr erforderlich, da Krieg Teil der menschlichen Natur sei – und deshalb ohnehin unvermeidbar:

> „Der Krieg ist ebensowenig eine menschliche Einrichtung wie der Geschlechtstrieb; er ist ein Naturgesetz ... Die Sucht zu zerstören ist tief im menschlichen Wesen verwurzelt; alles Schwache fällt ihr zum Opfer. ... Leben heißt töten."

Wenn Leben aber Töten bedeutet, dann wäre der Verzicht auf das Töten auch ein Verzicht auf das Leben – zumindest auf ein Leben, das Jünger als sinn- oder bedeutungsvoll akzeptieren würde. Und wenn der Krieg so grundlegend und so selbstverständlich wie der Geschlechtstrieb wäre, dann erübrigte sich jedes Nachdenken über seine Vermeidung – allerdings ließe sich die Frage stellen, warum es eigentlich zu langen Perioden des Friedens kommen kann, und warum das Töten außerhalb des Krieges so selten und in hohem Maße tabuisiert ist.

Die Verklärung des Krieges als Quelle der moralischen Erneuerung durch Heldentum war nie eine allein deutsche Angelegenheit, sondern gehörte zum Bestand kultureller Gemeinsamkeit in Europa, aber auch in vielen außereuropäischen Gesellschaften etwa des Nahen und Mittleren Ostens oder Asiens. Bemerkenswert dabei ist, dass die Romantisierung des Krieges meist von historischen Rückgriffen lebt. Dabei instrumentalisieren die Ideologen entweder eine „klassische", vorgeblich goldene Zeit, etwa die griechische oder römische

Antike. Seltener wird die vorgeblich „ritterliche" Kriegführung des Mittelalters zum Ideal verklärt. In manchen Ländern wird auch kreativ auf die eigene Geschichte zurückgegriffen, um vorbildliche „Kriegshelden" oder mythische Schlachten zu entdecken, die Jahrhunderte oder Jahrtausende später unter völlig anderen Bedingungen doch das Herz wärmen können. Beispiele von Opferbereitschaft, von „Ritterlichkeit", von Entschlossenheit, Männlichkeit, Unbeugsamkeit, von historischen Siegen oder ikonischen Niederlagen werden genutzt, ausgeschlachtet oder notfalls zurechtgebogen, um dem Krieg einen heroischen und erstrebenswerten Anstrich zu geben. Im Vordergrund dieser Ideologien stehen einzelne Helden, keine Massenheere, als entscheidend für deren Haltung gilt charakterliche Reinheit verbunden mit Kraft und Sieg. Diese Mythen malen den Krieg fast immer als Kampf Mann gegen Mann, als zwei Helden im Kampf miteinander.

Ein solches romantisiertes Bild vom Krieg war nie real, sondern immer schon ein Mythos. Im besten Fall handelte es sich um ein Ideal, dem kaum jemand je gerecht werden konnte. Auch im klassischen Altertum wurden Kriege eher durch Täuschung, Hinterhalte und Massaker gewonnen, kaum jemals durch tugendhaftes Verhalten und edle Gesinnung. Aber so wie für den Gläubigen die Existenz Gottes nicht bewiesen werden muss, ist die Romantisierung der Vergangenheit nicht von der historischen Wahrheit abhängig. Schon seit den Kabinettskriegen, vollständig dann aber mit dem Ersten Weltkrieg hatte Krieg kaum noch etwas mit persönlicher Tapferkeit zu tun, sondern wurde zur hochorganisierten Massenangelegenheit. Mit der Einführung von Distanzwaffen

– etwa einer Artillerie, die über viele Kilometer anonym vernichtet – wurde der tugendhafte, ritterliche Kampf individueller Helden vollständig zu einer Fiktion. Noch der Erste Weltkrieg war mit Propaganda von Heldentum, Ritterlichkeit und einer historischen Mission begonnen worden – „aber all dies", so der Politikwissenschaftler Philip Lawrence in *Modernity and War* (1997), „starb im Schlamm von Flandern", also in den sinnlosen Materialschlachten und den Giftgasschwaden der Westfront. Und heutzutage von einem anderen Kontinent aus an einem Computerbildschirm durch Drohnen aus der Luft Menschen zu töten, mag effizient sein – Raum für „Heldentum" bleibt nicht.

Nun gibt es, außer sich dem Krieg emotional, ideologisch und politisch zu widersetzen (dazu mehr im zweiten Band dieser Trilogie), drei Möglichkeiten. Erstens können unverbesserliche Gewaltromantiker eine Sehnsucht nach früheren, realen oder eingebildeten Kriegsformen konservieren, nach dem Motto: „Der Krieg ist auch nicht mehr das, was er einmal war." Dann wäre nicht der Krieg schlecht, sondern nur seine aktuelle Form, die ihn entheroisierte. Der moderne Krieg hätte den „wahren", heldenhaften Krieg zerstört – womit die antimoderne Stoßrichtung vieler Kriegsverherrlicher – wie Ernst Jünger – noch einmal bestätigt würde.

Zweitens besteht eine große Tendenz zur Ästhetisierung des Krieges, unabhängig von seiner Destruktivität. Feuerstürme aus Napalm können, zumindest im Film, tatsächlich von großem ästhetischen Reiz sein – vor allem in Zeitlupe und mit Musik von Richard Wagner unterlegt. Diese Ästhetisierung des Krieges ist inzwischen zu einem ganzen kulturellen Industriezweig geworden, von dem zumindest Teile Hollywoods sehr gut leben. Sie wird – unter entsprechenden gesellschaftlichen und politischen Rahmenbedingungen – von einem Kult der Waffen ergänzt. Der Besitz von tödlichen Waffen kann aus blassen Spießern imaginierte Krieger machen, die „Männlichkeit" durch Schusswaffen erlangen. Die USA und einige Länder der Dritten Welt sind voll von solchen „Helden". Krieg, oder Gewalt ganz allgemein, wird seiner politischen Bedeutung und den humanitären Folgen entkleidet und stattdessen zur Ablenkung, Traumwelt, Unterhaltung, zum modernen Märchen. Das Problem besteht natürlich darin, dass Gewalt und Krieg dadurch enttabuisiert werden, dass die Hemmschwelle sinkt. Das muss nicht unbedingt die eigene Gewaltanwendung bedeuten, obwohl die Zahlen der Schusswaffenopfer in den USA das zumindest nahelegen. Aber die Toleranz gegenüber Kriegen nimmt zu, insbesondere wenn sie fern der Heimat geführt werden und sich die Verluste des eigenen Landes in Grenzen halten. Schließlich werden auch solche Kriege heute primär als Medienereignis konsumiert, was sie emotional in die Nähe ästhetisierender Filmproduktionen und anderer Unterhaltungsmedien rückt.

Drittens schließlich lässt sich der Entheroisierung – und damit Entlegitimierung – des Krieges dadurch ausweichen, dass man das Heldentum nun im Kleinen statt im Großen sucht. Tatsächlich gibt es ja auch im destruktivsten und unsinnigsten Krieg immer wieder individuelle Taten der Selbstlosigkeit und des Mutes: Soldaten bergen einen verwundeten

Kameraden unter eigener Lebensgefahr, opfern ihr eigenes Leben, um das anderer zu retten, teilen fair das letzte Essen. Im Krieg, egal ob unter eigener Lebensgefahr oder als Täter, kommt es zu engem Zusammenhalt kleiner Gruppen von Kameraden, die aufeinander angewiesen sind. So wird das „Heldentum" sozusagen privatisiert und individualisiert. Der Krieg wird zum Erlebnis, kann auch emotional positiv besetzt werden. Das war der Mechanismus, durch den es einem so intelligenten Mann wie Ernst Jünger gelang, die politische und humanitäre Katastrophe des Ersten Weltkrieges zur zivilisatorischen Errungenschaft umzudeuten.

Krieg, Technik und Waffen

Krieg braucht Kämpfer, Soldaten, aber er braucht auch Waffen. Ohne Waffen wäre Krieg nicht vorstellbar. In der Geschichte des Krieges dürften die ersten Waffen Knüppel, Speere, bald Pfeil und Bogen gewesen sein, Messer, Schwerter sowie Schilde und Helme als Schutz. Aus heutiger Sicht erscheint die Entwicklung der Waffentechnik über Jahrtausende als langsam, auch wenn es immer wieder zu Veränderungen und Weiterentwicklungen an den traditionellen Waffen kam. Verbesserungen des Materials (etwa von verschiedenen Holzarten und Stein über Bronze zu Eisen und Stahl), des Designs (unterschiedliche Längen und Formen von Hieb- oder Stichwaffen) oder neue Waffen (etwa die Armbrust oder Belagerungsgeräte) waren Anzeichen eines langsamen technologischen Wandels, der dem in den damaligen Gesellschaften entsprach. Schießpulver kam in China zuerst zwischen dem 9. und dem 11. Jahrhundert zur Anwendung und wurde ab dem 13. Jahrhundert in Europa übernommen. Aber erst ab dem 15. und 16. Jahrhundert gab es Schusswaffen, deren militärischer Nutzen über ihren psychologischen hinausging. Vorher dienten sie eher dazu, dem Feind durch Lärm und Feuer Schrecken einzujagen. Damals entwickelte sich aus den Hakenbüchsen die wirksameren Arkebusen, Vorläufer der heutigen Gewehre, die noch als Vorderlader funktionierten. Spätestens seit dem Dreißigjährigen Krieg (1618–1648) wurden die Arkebusen durch ihre Weiterentwicklung, die Muskete, abgelöst und Schusswaffen wurden zu einer wichtigen Waffe des europäischen Militärs. Obwohl die damaligen Feuerwaffen immer wieder verbessert wurden (so der Lauf und das Zündschloss), blieben sie wenig treffsicher und waren über größere Entfernungen kaum wirksam einsetzbar. Auch die Schussfrequenz blieb niedrig. Es lässt sich feststellen, dass sich auch die Feuerwaffen zwischen dem 15. und dem Anfang des 19. Jahrhunderts nur sehr langsam zu einer wirksamen Kriegswaffe entwickelten.

Ab der Mitte des 19. Jahrhunderts allerdings änderte sich das Bild, und die Waffentechnologie – wie auch die allgemeine Technologieentwicklung – machte sprunghafte, fast explosionsartige Fortschritte. Das galt insbesondere für Gewehre und Artillerie, die immer schneller, zuverlässiger und weitreichender wurden. Die Entwicklung des Maschinengewehrs oder der weitreichenden Artillerie sind Beispiele für die bis dahin unerreichte Zerstörungskraft der neuen Waffen, deren Wirksamkeit nicht erst in den Schlachten des Ersten Weltkriegs bewiesen wurde.

Massenvernichtungswaffen

Das halbe Jahrhundert vor dem Ersten Weltkrieg war also technologisch von der schnellen Weiterentwicklung der traditionellen Feuerwaffen gekennzeichnet, die an Zerstörungskraft, Reichweite und Präzision wesentlich zunahmen. Aber der Erste Weltkrieg stellte zugleich einen wichtigen Einschnitt bei der Waffenentwicklung dar, weil zumindest zwei völlig neue und besonders zerstörerische Waffensysteme eingeführt wurden. Zum einen begann durch den Einsatz von Giftgas auf beiden Seiten der Front die Zeit der Massenvernichtungswaffen, die sich seit dem Zweiten Weltkrieg durch die Entwicklung der Atomwaffen weiter entfaltete. Giftgas konnte seit den 1920er Jahren durch internationale Abkommen zum guten Teil tabuisiert werden, zumindest für den Einsatz zwischen Großmächten. Der Einsatz in den Kolonien, später im Krieg zwischen dem Irak und dem Iran (1980–1988) oder im syrischen Bürgerkrieg (ab 2011) gegen die Bevölkerung wurde so aber nicht verhindert. Der Durchbruch der Massenvernichtungswaffen erfolgte dann mit der Explosion der ersten Atombomben über Hiroshima und Nagasaki und dem anschließenden Wettrüsten zwischen den USA und der Sowjetunion.

Verschiedene Beobachter weisen darauf hin, dass nach dem Schock der Atombombenabwürfe zwei unterschiedliche Sichtweisen entstanden: Einmal wurden Atomwaffen als bloße Weiterentwicklung früherer Waffen betrachtet, als zwar größer und zerstörerischer, aber prinzipiell großen konventionellen Waffen vergleichbar. Diese Denkweise zielte darauf, die neuen Waffen für Kriege praktisch anwendbar zu machen, etwa durch Verkleinerung (die Hiroshima-Bombe wog zehn Tonnen) oder eine Reduzierung beziehungsweise Anpassung der Zerstörungskraft zu bestimmten taktischen Zwecken. Die gegenteilige Denkweise betrachtete Atomwaffen als einen klaren Bruch der Waffentechnik. Durch ihre ungeheure Zerstörungskraft seien Atomwaffen in Kriegen kaum oder gar nicht einsetzbar, insbesondere wenn auch der Gegner darüber verfüge. Sie könnten deshalb nur noch zur „Abschreckung" eines Krieges, nicht zu seiner Führung dienen – was allerdings die prinzipielle Bereitschaft zu ihrem Einsatz beinhalte.

Das Grundproblem der Atomwaffen, dass sie angesichts ihrer verheerenden Vernichtungskraft als Waffe in einem Krieg nur eingesetzt werden können, wenn der Gegner nicht ebenfalls über sie verfügt, und das „Gleichgewicht des Schreckens" zwischen Atommächten, wurde oben bereits geschildert. Auf einer politischen Ebene mag dies zu einer Stabilisierung der Beziehung zwischen Atommächten einladen und Rüstungskontrollabkommen erleichtern. Militärisch und technologisch allerdings droht immer die Gefahr, dieses „nukleare Gleichgewicht" zu erschüttern. Das liegt an folgendem Mechanismus: Die Logik wechselseitiger Bedrohung zwingt die Atommächte einerseits, die eigenen Atomwaffen vor gegnerischen Angriffen zu schützen. Denn sollte der Gegner die Fähigkeit gewinnen, die gegen ihn positionierten Atomwaffen zu zerstören, wäre die Drohung mit einer wechselseitigen Zerstörung aufgehoben und damit ein nuklearer Angriff möglich. Sollte es aber einer Atommacht gelingen, tatsächlich einen wirksamen Schutz der eigenen Atomwaffen zu erreichen, dann verfügte diese über einen möglicherweise entscheidenden Vorteil, was das Gleichgewicht des Schreckens ebenfalls infrage stellen würde.

Der Schutz der eigenen Atomwaffen kann auf verschiedene Arten angestrebt werden: durch ihre Mobilität (etwa auf

Flugzeugen), durch ihren Schutz (etwa durch Bunker oder Abwehrsysteme), aber auch durch die massivere Vergrößerung der Zahl der eigenen Sprengköpfe, wodurch man annehmen darf, selbst nach dem Verlust ihrer Mehrzahl immer noch genug übrig zu haben, um massive Vergeltung üben zu können. In diesem Sinn führte im Kalten Krieg das Streben nach dem Schutz eines Mindestbestandes der eigenen Waffensysteme zu einer massiven zahlenmäßigen Aufrüstung, die umgekehrt vom Gegner nur als Bedrohung wahrgenommen werden konnte.

Eine zweite Möglichkeit, die eigenen Waffen zu schützen, besteht – wie erwähnt – darin, sie unauffindbar zu machen, insbesondere durch Mobilität. Wenn die Atomwaffen nicht mehr stationär sind, sondern häufig oder ständig in Bewegung bleiben, kann ein Gegner sie kaum zerstören, zumindest nie sicher sein, ob er alle oder die große Mehrheit tatsächlich treffen würde. Dazu bietet es sich an, die Atomwaffen auch auf U-Booten und Flugzeugen zu stationieren, die schwer zu identifizieren sind, in große Meerestiefen abtauchen können oder sich mit großer Geschwindigkeit in der Luft bewegen. Darüber hinaus wäre es für den Gegner schwierig zu wissen, welche Flugzeuge und U-Boote tatsächlich Atomwaffen tragen und welche nicht. Auch dieses naheliegende Mittel des Schutzes der eigenen Waffen ist allerdings zutiefst destabilisierend: Atomar bestückte U-Boote und Flugzeuge können offensichtlich in die Nähe des gegnerischen Staatsgebiets verlegt werden und so die Vorwarnzeit eines Angriffes massiv verkürzen beziehungsweise sogar einen Überraschungsangriff ermöglichen.

Neben der Erhöhung der Zahl der Atomwaffen und ihrer mobilen Stationierung in der Luft oder zur See besteht eine dritte Möglichkeit ihres Schutzes im Aufbau defensiver Fähigkeiten – neben einer Panzerung von Raketensilos, die bei präzisen Atomschlägen nutzlos wäre, zählt dazu die Installierung von Raketenabwehrsystemen. Diese müssten in der Lage sein, angreifende Atomraketen noch beim Anflug in der Luft zu zerstören. Solche Abwehrfähigkeiten wären allerdings doppelt destabilisierend, da sie nicht allein die eigenen Angriffspotenziale, sondern prinzipiell auch andere Ziele – wie Großstädte oder Kommandozentralen – schützen könnten. So drohen sie, nicht nur die eigenen Atomwaffen vor der Vernichtung zu schützen, sondern die der Gegenseite zu Vergeltungszwecken wertlos zu machen. Wenn die Atomwaffen des Gegners im Anflug abgeschossen werden könnten, wären diese weitgehend nutzlos – womit das nukleare Gleichgewicht und damit die wechselseitige Abschreckung gänzlich aufgehoben wären. In einem solchen Fall würden die eigenen Atomwaffen wieder offensiv einsetzbar, weil man keine Vergeltung mehr zu befürchten hätte; ein strategischer Atomkrieg würde führbar, weil es die Chance gäbe, ihn zu gewinnen.

Insgesamt führte die Einführung der Atomwaffen in die internationale Politik zu dem Paradoxon, dass sie einerseits durch wechselseitige Abschreckung (vor allem atomare) Kriege unmöglich zu machen scheint, sie zugleich aber Mechanismen hervorbrachte und hervorbringt, die diese Stabilität untergraben. Bereits der Versuch, die eigenen Atomwaffen vor einem Präventivschlag zu schützen, führte zu einer Aufrüstungsdynamik mit zahlreichen offensiven Potenzialen.

Dazu kommt die Versuchung, einem feindlichen Angriff und dem so drohenden Verlust der eigenen Atomwaffen dadurch zuvorzukommen, sie zuerst einzusetzen (*use or lose*). Auch Gedankenspiele über eine „Enthauptung" der Gegenseite, also die präventive Zerstörung ihrer Kommandozentralen und Kommunikationszentren, um diese handlungsunfähig zu machen, führten nicht zur Stabilisierung des nuklearen Gleichgewichts.

Luftkrieg

Der zweite Wendepunkt, den der Erste Weltkrieg für die Zukunft der Kriegführung mit sich brachte, war die Einführung des Luftkrieges. Zu Beginn des Ersten Weltkrieges gab es weltweit erst einige wenige hundert militärische Flugzeuge. Während seiner vierjährigen Dauer wurden aber 200.000 weitere gebaut. Auch wenn diese noch wenig wirkungsvoll waren, wurden nun in den größeren Ländern jeweils Luftwaffen als eigene Waffengattung gegründet.

Die 1920er Jahre sahen dann bereits intensive Debatten darüber, wie Luftkriege zukünftig geführt werden sollten. Und dabei kam es zu bemerkenswerten Veränderungen des militärischen Denkens. Zukünftige Kriege – so die Vordenker – würden kaum noch feste Fronten haben, oder diese würden jedenfalls wesentlich an Bedeutung verlieren, da die Luftwaffen weit hinter den feindlichen Linien operieren und damit das gesamte Staatsgebiet des Feindes zum Kriegsgebiet machen würden. Eine solche Vorstellung erwies sich nur als halbrichtig. Spätestens im Zweiten Weltkrieg zeigte sich, dass zwar tatsächlich sehr frontferne Ziele aus der Luft getroffen und zerstört werden konnten. Das bedeutete aber nicht, dass die traditionellen Frontverläufe unwichtig wurden. Die Zerstörung des Ruhrgebiets oder von Städten wie Hamburg, Dresden oder anderen aus der Luft bedeutete ja nicht, dass klassische Bodenkämpfe wie in Stalingrad, Leningrad oder anderswo nicht weiter von höchster Bedeutung blieben.

Eine zweite Annahme der Theoretiker des Luftkrieges in den 1920er und 1930er Jahren bestand darin, dass sich die Unterschiede von „zivilen" und „militärischen" Zielen auflösen würden. Die Luftkriege der Zukunft würden sich weniger gegen feindliche Soldaten richten, sondern gegen die wirtschaftlichen Ziele im Hinterland, gegen Fabriken, die Rohstoffversorgung und das Verkehrswesen, und auch gegen die Zivilbevölkerung in den Städten. Durch massive, kombinierte Luftangriffe mit Sprengbomben, Brandbomben und Giftgas würde man jedes wirtschaftliche und gesellschaftliche Leben zum Zusammenbruch bringen und so den Krieg schnell beenden können. Auch diese Erwartung erfüllte sich nur zur Hälfte: Zwar kam es im Zweiten Weltkrieg (aber auch danach) immer wieder zu quasi-terroristischen Luftangriffen gegen die Bevölkerung und zivile Infrastruktur – aber die erhoffte „Brechung der Moral" blieb aus. Deshalb, und aufgrund der inzwischen unvergleichlich größeren Präzision von Luftangriffen, kam es in den letzten Jahrzehnten bei vielen Militärs zu einer Verschiebung des strategischen Denkens:

Die Luftwaffe solle sich vermehrt auf die Zerstörung wichtiger militärischer Ziele (Truppenverbände, Radaranlagen, Kommandozentralen, Flugplätze, Marinebasen usw.) sowie auf kriegswichtige Industrien und Infrastruktur (Stahlwerke, Waffen- und Munitionsfabriken, Eisenbahnknotenpunkte, Häfen, Brücken usw.) konzentrieren. Verluste unter der Zivilbevölkerung sind nun weniger häufig beabsichtigt, werden aber als „Kollateralschäden" in Kauf genommen. Allerdings verwischten sich die Unterschiede von Luftangriffen auf militärische und zivile Ziele nicht selten. Die Drohung der US-Regierung, Nordvietnam „in die Steinzeit zurückzubomben", russische Angriffe auf ukrainische Städte und insbesondere deren Energieversorgung oder die israelischen Luftangriffe auf den massiv überbevölkerten Gazastreifen sind bekannte Beispiele. Heute kann man aber, vereinfacht gesprochen, zumindest die folgenden Typen des Luftkrieges unterscheiden: die Zerstörung der Kriegsfähigkeit des Gegners hinter der Front, das „Aufweichen" gegnerischer militärischer Einheiten durch anhaltende, massive Bombardierung zur Vorbereitung militärischer Angriffen am Boden und gemeinsame, integrierte Boden-, Luft- (und ggf. See-)Kämpfe an der Front oder in Frontnähe. Dabei haben sich die Luftwaffen, entgegen den häufigen Annahmen ihrer Strategen, zwar sehr häufig als kriegswichtig, aber kaum je als allein kriegsentscheidend erwiesen.

„Intelligente" Kriegführung

Seit dem späten 20., vor allem aber seit Beginn des 21. Jahrhunderts bestimmt ein relativ neuer Trend die Entwicklung der Militärtechnologie: computergestützte und zunehmend „intelligente" Waffensysteme. Die Elektronisierung des Krieges bezieht sich auf alle seine Schlüsselbereiche: die Aufklärung (etwa durch Satelliten, Drohnen usw.), die Nachrichtenübermittlung, die Zielerfassung, die Präzision von Geschossen, die Geschwindigkeit und Feuerfrequenz, und sogar die Geschwindigkeit der Entscheidungszyklen.

Eine weitere Vergrößerung der Zerstörungskraft der Waffensysteme war bereits vor der Elektronisierung kaum noch ein sinnvolles Ziel militärtechnischer Entwicklung, da konventionelle und atomare Sprengköpfe bereits jedes Maß an Zerstörung erreichen konnten. Und auch die Erhöhung der Reichweite der Waffensysteme ist seit vielen Jahren von nachgeordneter Bedeutung, zumindest seitdem ab 1957 die ersten Interkontinentalraketen (mit Reichweiten zwischen 5.500 und 13.000 Kilometer) zur Verfügung standen. Stattdessen stehen eine immer größere Präzision, die Beschleunigung aller militärischen Abläufe (insbesondere des permanenten Zyklus von Wahrnehmung, Entscheidung, Feuerauslösung) und die Vermeidung eigener Verluste im Vordergrund. Eine entscheidende Rolle spielen dabei der Umfang und die Zuverlässigkeit der Aufklärung und die Verkürzung der Reaktionszeit. Schneller zu sein als der Gegner, ist im Krieg ein unschätzbarer Vorteil. Und ohne aktuelle, schnelle und präzise Kenntnis gegnerischer Kräfte sind diese nicht wirksam zu bekämpfen;

Verzögerungen zwischen dem Eingang solcher Informationen und dem Einsatz der eigenen – möglichst präzisen – Waffensysteme würden diesen Vorteil wirkungslos werden lassen. In diesem Kontext sind die elektronische Datenverarbeitung und Künstliche Intelligenz von zentraler Bedeutung, da nur sie in der Lage sind, die erforderlichen Datenmengen zu erfassen und schnell genug – auch in Echtzeit – auszuwerten. Eine erste Stufe dieser Entwicklung bestand in einer Digitalisierung der Aufklärung auf allen Ebenen. Aufklärungssatelliten, die rund um die Uhr in der Lage sind, große Teile der Erdoberfläche und insbesondere militärisch relevante Regionen in höchster Detailgenauigkeit zu überwachen; akustische, optische, seismische und andere Sensoren, die an Land, zur See und in der Luft in Echtzeit Informationen sammeln; Aufklärungsflugzeuge und Drohnen, die militärische Einrichtungen oder einzelne Personen beobachten – all das sind Beispiele für umfassende und blitzschnelle Aufklärungsmöglichkeiten, die alles in den Schatten stellen, was vor wenigen Jahrzehnten auch nur denkbar war. Die sofortige Verarbeitung solcher riesigen Datenmengen eröffnet Streitkräften, die über die entsprechenden Fähigkeiten verfügen, neue – insbesondere offensive – Möglichkeiten. Erst eine präzise und aktuelle Kenntnis des Standortes gegnerischer Kräfte erlaubt es, diese präzise zu bekämpfen. Dazu kommt natürlich die weit größere Präzision der modernen Waffen. Noch im Zweiten Weltkrieg lag die Genauigkeit der Luftangriffe bei mehreren Kilometern – heute können beispielsweise Raketen auf wenige Meter genau ins Ziel gebracht werden.

Insbesondere die Einführung von Drohnen als Aufklärungsmittel bedeutete einen Quantensprung: Frühere Spionageflugzeuge mussten zum Selbstschutz meist besonders hoch fliegen und konnten im Überflug nur eine sehr kurze Zeit über einem Zielgebiet verbleiben. Drohnen können stunden- oder tagelang in der Luft bleiben und ständig über einem Zielgebiet kreisen. Sie können militärischen Verbänden oder einzelnen Personen folgen und jede Ortsveränderung in Echtzeit an ihre Kommandozentrale melden. Kleinere Drohnen sind auch relativ schwer abzuschießen – und wenn dies trotzdem gelingt, sind die politischen Folgen und das Eskalationspotenzial deutlich geringer als beim Abschuss bemannter Flugzeuge. Die Steuerung von Drohnen kann direkt vom Gefechtsfeld aus erfolgen oder aus Tausenden Kilometern Entfernung.

Der nächste Schritt der Entwicklung bestand in der Nutzung von Drohnen als Waffensystem. Aus näherer oder weiter Entfernung ferngesteuerte bewaffnete Drohnen verbinden Aufklärungsfähigkeit mit Zerstörungspotenzial. Die meisten sogenannten *Predator*-Drohnen werden aus den USA gesteuert. Von Kommando des Abschusses einer *Hellfire*-Rakete dieser Drohnen in Nevada bis zum Einschlag (beispielsweise im afghanisch-pakistanischen Grenzgebiet oder im Jemen) dauert es nur Augenblicke. Erneut können sie militärische Einrichtungen, Infrastruktur oder einzelne Fahrzeuge zerstören oder Personen (auch durch Gesichtserkennungssoftware oder durch andere Kriterien identifizierte) töten. Sie operieren relativ unauffällig und präzise. Die beschriebene

Nutzung von Drohnen als Aufklärungs- oder Waffensysteme stellte einen technologischen Innovationsschritt dar, der die erwähnten taktischen Vorteile bot, aber qualitativ kaum über frühere Praktiken des Luftkrieges mit Flugzeugen hinausging – wenn man von der allgemeinen Verfügbarkeit und Flexibilität der Drohnen im Einsatz einmal absieht.

Inzwischen ist die Entwicklung noch weiter. Drohnen, aber auch andere mobile Waffensysteme können heute vernetzt eingesetzt werden und im Extremfall mit oder ohne Koordination mit einer Kommandozentrale als Schwärme operieren. Auch wenn dies in den aktuellen Kriegen noch kaum zum Einsatz kommt, ist es technisch bereits möglich. Und sich gegen vernetzte Schwärme – im Gegensatz zu einzelnen Geschossen – zu verteidigen, wird viele Verteidiger überfordern. Dazu kommt die Möglichkeit, unterschiedliche Waffensysteme miteinander zu vernetzten, also z. B. Flugdrohnen mit Panzereinheiten, Kampfflugzeugen und Seedrohnen. Wenn all diese in Echtzeit Informationen austauschen und sich untereinander abstimmen, werden ungeheuer schnelle und koordinierte Militäroperationen möglich, die ohne hoch entwickelte Computertechnik undenkbar wären.

Es ist bemerkenswert, wie schnell sich die Drohnentechnik im Militärwesen verbreitet hat. Noch zu Beginn des Jahrhunderts verfügten selbst die USA nur über etwa 200 Drohnen, heute verfügen viele Streitkräfte über Tausende oder Zehntausende. Darüber hinaus verfügen inzwischen auch nichtstaatliche Gewaltakteure über militärisch nutzbare Drohnen – oft kommerzielle Produkte, die dann zu Aufklärungszwecken oder mit Sprengstoff nachgerüstet wurden. Im gegenwärtigen Krieg in der Ukraine spielt der Drohneneinsatz eine unerwartet große Rolle, sowohl bei der Aufklärung als auch als Waffe. Besonders bemerkenswert sind erfolgreiche Angriffe von oben auf Panzer, deren Türme ja am wenigsten gesichert sind. Die Ukraine hat sich damit hervorgetan, Drohnen zu verschiedenen Zwecken auf- und umzurüsten und selbst Seedrohnen herzustellen, die im Schwarzen Meer erfolgreich gegen die russische Kriegsmarine eingesetzt werden. Laut Zahlen des *Global Peace Index* nahm allein von 2018–2022 die Zahl der Staaten, die Drohnen zu bewaffneten Angriffen nutzten, um 50 Prozent zu, die Zahl der nicht-staatlichen Akteure, die bewaffnete Drohnen nutzte, stieg auf mehr als das Doppelte. Von 2020 bis 2022 verdreifachte sich die Zahl weltweiter Drohnenangriffe, wozu auch der Krieg in der Ukraine beitrug.

Allgemeiner Zusammenhang von Technologie und Krieg

Krieg und Technik sind eng verknüpft. Technisch bessere Bögen können Pfeile weiter fliegen lassen und die Treffsicherheit erhöhen – große Vorteile im Krieg. Die Qualität mittelalterlicher Belagerungsmaschinen entschied wesentlich darüber, ob Städte erobert werden konnten, und die Weiterentwicklung der früher primitiven Schusswaffen zu Maschinengewehren und weitreichender Artillerie hat den Charakter des Krieges grundlegend geändert. Und seine Informationen über die Größe, Bewegungsrichtung oder Ausrüstung der gegnerischen Truppen nicht länger allein durch Spione oder Überläufer zu erhalten, sondern auch durch Satellitenaufklärung, Flugzeuge, Drohnen oder Hackerangriffe, verschafft ein unvergleichlich klareres Bild und stellt einen weiteren großen Vorteil im Krieg dar. Oben haben wir darauf hingewiesen, dass in „klassischen", „konventionellen" Kriegen das Zusammenspiel von Größe, Feuerkraft und Mobilität oft kriegsentscheidend ist – unter der Voraussetzung, dass die Qualität der Führung, der Truppen und der Aufklärung vergleichbar sind. Es liegt auf der Hand, dass insbesondere die Feuerkraft (und ihre Präzision), die Mobilität und die Aufklärung (und die Kommunikation) durch den technischen Fortschritt dramatisch gestiegen sind, was die Geschwindigkeit und Intensität der Kriege entsprechend erhöhte. Streitkräfte mit einer technologischen Überlegenheit werden damit in der Regel große Vorteile haben.

Man sollte sich allerdings vor dem Fehler hüten, eine möglichst große technologische Überlegenheit als Allheilmittel zur Lösung aller militärischen Probleme zu betrachten. Es gibt immer wieder Situationen, in denen ein technologischer Vorsprung sich als wenig hilfreich erweist. Hochtechnisierte Waffensysteme und Ausrüstung können störungsanfälliger sein als einfachere, aber robustere. Sie können auch schwerer zu warten oder zu reparieren sein, oder ein Maß an Logistik erfordern, das unter Gefechtsbedingungen kaum gewährleistet werden kann. Oder der Gegner findet einen Schwachpunkt oder relativ einfache Gegenmittel. Dazu kommen die oft exorbitanten Kosten der modernsten Technologie, was die Anzahl der bezahlbaren Waffensysteme stark begrenzen kann. So können große Mengen älterer Waffen gegenüber deutlich moderneren unter Umständen militärisch mithalten. Dazu kommt das Problem, dass es unter Bedingungen eines großen Krieges schwierig sein kann, verlorenes Material zu ersetzen und zusätzliches zu beschaffen, insbesondere in großen Mengen. Schon bei relativ einfachen Waffen oder anderen Rüstungsgütern kann es eine große Herausforderung darstellen, diese im großen Maßstab zeitnah zu produzieren. Aber unter hohem Zeitdruck hoch komplexe Waffensysteme in großer Stückzahl zu produzieren, ist weit schwieriger. Ein Beispiel: Die Zusage der EU-Länder, der Ukraine im Laufe des Jahres 2023 eine Million Artilleriegranaten eines bestimmten Kalibers zu liefern, konnte nicht einmal annähernd eingehalten werden, weil die Produktionskapazitäten einfach nicht existierten und nicht schnell genug geschaffen werden konnten. Dabei sind solche Granaten eigentlich relativ einfach. Wer dagegen einen modernen Kampfpanzer in hoher Stückzahl produzieren möchte, steht vor dem gleichen und einem zusätzlichen Problem: Die Komplexität des Waffensystems (einschließlich, beispielsweise, eines hochmodernen Feuerleitsystems, das es erlaubt, auch bei schneller Fahrt in schwierigem Gelände zielsicher zu treffen) erfordert zu seiner Produktion mehr Zeit, mehr Spezialisten und zuverlässige Lieferketten für eine kaum zu überblickende Zahl sehr unterschiedlicher Komponenten. All dies kann durch Willenskraft und Geld nicht aus dem Boden gestampft werden, wie dies bei der Produktion von Jeeps oder Munition noch denkbar wäre.

Die Fixierung insbesondere des westlichen Militärs auf Hochtechnologie ist verständlich, kann aber zur Sackgasse werden. Verständlich ist sie aus zwei Gründen: Im direkten Vergleich zweier ähnlicher Waffen oder Waffensysteme wird das technisch modernere fast immer überlegen sein; und Länder mit besonderen technologischen Fähigkeiten können im Krieg mit geringeren Stückzahlen und weniger Soldaten zurechtzukommen. Bessere Technik, so die Annahme, führt zu weniger Opfern unter den eigenen Soldaten – was auch die Fokussierung des US-Militärs auf die Luftwaffe erklärt. Unter tatsächlichen Gefechtsbedingungen allerdings kommt es nicht unbedingt auf den direkten Vergleich ähnlicher Waffensysteme an, da der Erfolg auf dem Schlachtfeld noch von vielen weiteren Faktoren bestimmt wird – und die Kosten, langen Produktionszyklen und logistischen Schwierigkeiten können zu Belastungen werden, die von höherer Geschwindigkeit, Präzision und Feuerkraft nicht immer aufgewogen werden. Es ist bezeichnend, dass die fähigste und kampfstärkste ukrainische Panzerbrigade sich (zumindest bis heute, Ende 2023) nicht auf die technisch überlegenen westlichen Panzer aus britischer, deutscher und amerikanischer Produktion verlässt, sondern auf modernisierte Modelle ehemals sowjetischer Typen.

Der militärische Nutzen von Hochtechnologie hängt auch von der Art des Krieges ab, in dem sie genutzt wird. Am Ende des 19. Jahrhunderts konnten ein paar Hundert britische Kolonialsoldaten in Afrika mit nur drei oder vier Maschinengewehren – damals die neueste technologische Errungenschaft – gegen große Heere nur mit Speeren bewaffneter lokaler Krieger eine Schlacht für sich entscheiden und Tausende von toten Gegnern zurücklassen, ohne selbst nennenswerte Verluste zu erleiden. Dies gelang, weil die Briten auf einen Feind trafen, der sich in geschlossenen Formationen zum Kampf stellte und deshalb leicht in wenigen Stunden maschinell massakriert werden konnte, ohne den britischen Truppen auch nur nahe zu kommen. Im Gegensatz dazu gelang es der damaligen Sowjetunion und danach den USA und ihren Verbündeten, trotz einer überwältigenden (quantitativen und) qualitativen Überlegenheit ihre Kriege gegen afghanische Aufständische zu verlieren, die meist nur mit Handfeuerwaffen, improvisierten Sprengfallen und Ähnlichem ausgerüstet waren – zu Beginn sogar oft mit jahrzehntealten, zum Teil museumsreifen Flinten. Den sowjetischen und später amerikanischen Truppen standen demgegenüber Hubschrauber, Kampfflugzeuge, Panzer, jedes gewünschte Artilleriekaliber und im Falle der USA modernste Drohnen zur Verfügung, von Spionage- und Kommunikationssatelliten ganz abgesehen. Die ganze Pracht moderner Militärtechnologie verschaffte ihren Besitzern lange Zeit ein Gefühl der Allmacht und Unbesiegbarkeit, was taktisch auch durchaus begründet war: Weder die Sowjetunion noch die USA und ihre Verbündeten waren in der direkten militärischen Konfrontation von den afghanischen Aufständischen zu besiegen. Das Problem war aber das im Kontext innergesellschaftlicher Kriege bereits erwähnte: Fast immer weigerten sich diese Aufständischen hartnäckig, sich in großen Formationen einer Schlacht zu stellen. Stattdessen operierten sie nur in relativ kleinen Gruppen und aus dem Hinterhalt, und boten damit der überwältigen Feuerkraft ihrer ausländischen Gegner kaum ein Ziel. Ein Dutzend leicht bewaffneter Männer in einem Dorf als Aufständische zu identifizieren – gerade in Gegenden, in denen auch Zivilisten oft ein Gewehr bei sich tragen –, erwies sich häufig als sehr schwierig. Und selbst wenn dies gelang, konnte ein massiver Angriff auf dieses Dorf weit mehr tote Zivilisten zur Folge haben als feindliche Kämpfer. Dies würde aber den Aufständischen mehr Sympathisanten und Rekruten in die Arme treiben, die ihre toten Verwandten und Freunde rächen wollten. Anders ausgedrückt: Hochtechnologische Waffensysteme verschaffen dem Besitzer oft eine weit überlegene Feuerkraft und Geschwindigkeit – aber wenn diese kein Ziel finden oder Zivilisten treffen, sind sie nutzlos oder sogar schädlich.

Kriegsfolgen

Krieg ist blutig und zerstörerisch. Allein im Verlauf des 20. Jahrhunderts starben schätzungsweise 231 Millionen Menschen durch kriegerische Gewalt und Kriegsfolgen wie Hunger oder Epidemien. Wir sollten allerdings daran denken, dass Zahlen von Kriegsopfern häufig unzuverlässig sind. Meist wurden zuverlässige Zahlen überhaupt nicht erhoben, sondern im Nachhinein geschätzt, wobei politische Absichten zu Verzerrungen führten. In der fernen historischen Vergangenheit ist die Zuverlässigkeit von Opferzahlen besonders gering, aber auch in letzter Zeit gibt es viele Fälle, in denen die vorliegenden Schätzungen sich sehr unterscheiden. Für den Irakkrieg (ab 2003) beginnen sie bei etwas mehr als 160.000 Toten und reichen bis zu einer Million. Ähnliche Unsicherheiten bestehen auch bei anderen Kriegen: Schätzungen zu den Opfern des großen Kongokriegs (1998–2003), des tödlichsten Krieges in der Lebensspanne der meisten heute lebenden Menschen, bewegen sich beispielsweise zwischen einer und fünf Millionen. Es liegt auf der Hand, dass unter solchen Bedingungen Angaben zu den Kriegen eines ganzen Jahrhunderts nicht sehr präzise sein können – aber zur Illustration der Größenordnung reichen sie aus. In diesem Sinne ergeben die oben erwähnten 231 Millionen Kriegstoten für das 20. Jahrhundert (also mehr als 6.300 Tote pro Tag, über ein ganzes Jahrhundert) ein erschreckendes, aber realistisches Bild.

„Kollateralschäden" und „verbrannte Erde"

Dabei sind die wenigsten dieser Kriegsopfer bei Kämpfen gefallen. Schätzungsweise 90 Prozent der Toten (die Schätzungen schwanken von Krieg zu Krieg) waren Zivilisten, die entweder durch direkte militärische Gewalt, als Folge von Massenvertreibungen, durch Hunger oder Seuchen, durch kriegsbezogene Massaker oder aus anderen Gründen ums Leben kamen. Neben den direkten oder indirekten Kriegstoten war noch ein Mehrfaches an Verletzten, Verstümmelten, Vergewaltigten zu beklagen – erneut überwiegend unter Zivilisten. Traumatisierungen, der Verlust von Verwandten, der eigenen Wohnungen, der Heimat oder der Lebensperspektiven kommen dazu. Kriege zerstören also die Leben von Menschen und Familien, sowohl physisch wie psychisch. Aber sie können auch ganze Städte und Landschaften zerstören. Auch dies ist alles andere als neu: Schon vor etwas über 2.700 Jahren brüstete sich der assyrische König Sennacherib damit, wie vollständig er die Stadt Babylon nach seiner Eroberung zerstört hatte:

> „Die Stadt und ihre Häuser habe ich von ihren Grundmauern bis zum Dach zerstört, verwüstet, mit Feuer verbrannt. Die Mauer und Außenmauer, die Tempel und die Götter, die Tempeltürme aus Ziegeln und Erde, so viele es gab, habe ich dem Erdboden gleichgemacht und in den Arakhtu-Kanal geworfen. Ich habe Kanäle mitten durch die Stadt gegraben, habe sie mit Wasser überflutet und ihre Fundamente zerstört. Ich habe ihre Zerstörung vollständiger gemacht als eine Flut."

Es liegt auf der Hand, dass solche Akte der Vernichtung leichter wurden, als Sprengstoffe und Großwaffen zur Verfügung standen. Während früher Mord, auch Massenmord, sozusagen „Handarbeit" war und mit Schwertern, Speeren und anderem Gerät aus nächste Nähe begangen werden musste, schafft man das heute entweder aus der Luft oder aus teilweise großer Entfernung, etwa mit Flugzeugen, Artillerie, Drohnen, Marschflugkörpern oder Raketen. Und die Zerstörungskraft von Dutzenden oder Hunderten von Kilogramm militärischen Sprengstoffs ist natürlich unvergleichlich höher als die von Hieb- und Stichwaffen. Die Zerstörung von Dörfern, Städten und ganzen Landschaften wurde so wesentlich erleichtert, wie viele Menschen im Zweiten Weltkrieg erfahren mussten. Systematische Angriffe auf Großstädte zur Zerstörung militärisch relevanter Fabriken, Eisenbahnknoten, aber auch zur Terrorisierung der Bevölkerung, um „den Willen des Gegners zu brechen", waren keine Seltenheit, auch in den Kriegen danach nicht.

Manche Kriegstaktiken zielen bewusst auf die Vernichtung ganzer Landstriche. Eine gezielte Politik der „verbrannten Erde" soll dem Gegner die Möglichkeit der Versorgung oder

der Gewinnung neuer Rekruten nehmen, und die Einrichtung von „Feuer-frei-Zonen" erklärt alles zum Ziel militärischer Gewalt, was oder wer sich darin befindet – Soldaten oder Zivilisten. Solche Praktiken setzen die großflächige Vertreibung der gesamten dort lebenden Bevölkerung voraus – entweder durch Einschüchterung, durch andere Formen des Zwangs oder durch direkte Gewalt. Und sie bedeuten die systematische Zerstörung aller Lebensgrundlagen. Das Vieh, die Ernte, die Häuser und öffentliche Einrichtungen (wie Schulen, Polizeistationen oder Krankenhäuser) werden zerstört, Brunnen unbenutzbar gemacht, um eine Rückkehr der Bevölkerung auszuschließen. In vielen Fällen halten die Kriegsfolgen noch Jahre oder Jahrzehnte nach Ende der Kampfhandlungen an. Noch heute werden im Ruhrgebiet immer wieder Fliegerbomben aus dem Zweiten Weltkrieg gefunden und entschärft. Die Verminung großer Landstriche in vielen Kriegen oder die chemische Entlaubung der Wälder durch die USA im Vietnamkrieg sind weitere Beispiele. Heute gibt es noch in rund 60 Ländern mit Landminen verseuchte Regionen, die auch nach Kriegsende nicht geräumt wurden oder werden konnten. Dazu gehören insbesondere Afghanistan, Angola, Äthiopien, Bosnien-Herzegowina, Kongo, Irak, Jemen, Kambodscha, Kroatien, Mauretanien, Palästina, Simbabwe, Somalia, Sri Lanka, Sudan, Südsudan, Tschad, Türkei, Ukraine und Zypern. Ungeräumte Landminen führen auch lange nach Kriegsende dazu, dass landwirtschaftliche Flächen nicht genutzt werden können und dass Zivilisten durch sie getötet oder verstümmelt werden. Insbesondere Kinder sind gefährdet, wenn sie etwa beim Spielen alte Minen finden und die Gefahr nicht erkennen.

Die Vernichtung erfolgt oft auch in der Form von „Kollateralschäden", wenn also eigentlich militärische Ziele angegriffen werden sollen, aber auch oder stattdessen zivile getroffen werden. Und wenn die Schonung von Zivilisten weit unten auf der Prioritätenliste der Kriegführenden steht, was nicht selten der Fall ist, dann wächst die Zahl der zivilen Opfer in besonderem Maße. Dazu kommt, dass viele Streitkräfte ziemlich großzügig dabei sind, „militärische" Ziele zu definieren: Kraftwerke, Wasserwerke, Fabriken, Verkehrsverbindungen wie Bahnhöfe, Brücken oder Flughäfen, Hafenanlagen und Ähnliches können den gegnerischen Streitkräften oder deren Versorgung natürlich nützlich sein, weshalb sie in Kriegen häufig angegriffen und zerstört werden. Allerdings: Diese Einrichtungen sind auch für die Versorgung und ein halbwegs normales Leben der Zivilbevölkerung unverzichtbar. Ohne Stromversorgung funktionieren meist keine Heizungen, keine Pumpen für die Wasserversorgung, und Erwerbsmöglichkeiten sind sehr eingeschränkt. Und ohne funktionierende Verkehrsverbindungen kann selbst die Versorgung mit Nahrung und anderen Lebensnotwendigkeiten zusammenbrechen. Unter solchen Bedingungen ist auch die medizinische Versorgung der Bevölkerung kaum zu gewährleisten, mit entsprechenden Folgen für deren Gesundheit, gerade in Zeiten des Krieges, wenn Verletzungen, Verstümmelungen und andere gesundheitliche Kriegsfolgen diese ohnehin stark in Mitleidenschaft ziehen. Dass die Sterberate auch unter Zivilisten unter solchen Bedingungen steigt, liegt auf der Hand.

Politisch-psychologische Folgen: Homogenisierung und Militarisierung

Zu den Folgen von Kriegen gehören aber nicht allein körperliche Schäden oder materielle Verluste. Nicht zu unterschätzen sind auch die psychologischen und politischen Folgen. Kriege sind eine Zeit der Polarisierung, des Schwarz-Weiß-Denkens, des „Wir gegen den Feind". Es sind Zeiten, in denen man sich meist hinter die eigene Regierung stellt, selbst wenn man sie zuvor eher skeptisch betrachtet hat. Im Krieg soll die eigene Uneinigkeit zurückstehen. In Zeiten der Gefahr müsse man zusammenhalten, über alle Unterschiede hinweg. Dies mag verständlich sein, wird allerdings von Regierungen oft ausgenutzt, um andere oder gar oppositionelle Meinungen und Gruppen zu unterdrücken oder ganz auszuschalten. Wer nicht hinter der Regierung stehe, der nütze dem Feind – so meist die Regierungspropaganda. Kriege führen also häufig zu einem Homogenisierungsdruck oder zur faktischen Gleichschaltung der öffentlichen Debatte. Dadurch ist Krieg nicht die Zeit für Pluralismus oder Demokratie, sondern für autoritäre Politik, Vereinheitlichung oder sogar Diktatur. Es liegt nahe, dass Krieg auch die Militarisierung der Gesellschaft fördert, da in ihm „militärische Werte" wie das Prinzip von Befehl und Gehorsam, Härte, Entschlossenheit, Gewaltbereitschaft und Disziplin betont werden müssen. Dies lässt sich nicht auf das Militär beschränken, sondern kann die ganze Gesellschaft erfassen. Darüber hinaus werden nach Ende ihrer Militäreinsätze sehr viele demobilisierte Soldaten ins zivile Leben zurückkehren – oft mit schockierenden Gewalterfahrungen aus dem Krieg, die zur Traumatisierung und Desensibilisierung geführt haben.

Kriege sind auch Zeiten der hohen Gefühlsaufwallungen. Den Feind militärisch zu schlagen, wird nicht nur als politisches Ziel gesehen, sondern oft, wie erwähnt, auch als moralische Mission. Der Feind verkörpert Bedrohung, er ist das Schlechte und Böse. Umgekehrt bedeutet dies, die eigene Seite als Verkörperung des Guten, der Gerechtigkeit und Moral wahrzunehmen. Dieser Gegensatz von „gut" und „böse" zwingt Gruppen und ganze Gesellschaften, sich zu positionieren und darüber nachzudenken, wer „wir" eigentlich sind. So bekam das Bewusstsein, „deutsch" zu sein, erst im Abwehrkampf gegen das napoleonische Frankreich bei Bayern, Württembergern, Sachsen, Hamburgern und anderen einen starken Schub. Auf diese Weise tragen Kriege nicht selten zur Herausbildung und Stärkung von Gruppenidentitäten bei, auch zu nationalen Identitäten oder Nationalismus, und direkt oder indirekt auch zur Staatsbildung. Da Kriege nicht nur gesellschaftliche Geschlossenheit erfordern, sondern auch eine funktionierende und effektive Staatlichkeit (funktionierendes Militär, Aufrüstung, Logistik, Rekrutierung und ein dies alles finanzierendes Steuerwesen) führen sie in Verbindung mit der gestärkten nationalen Identität zur Stärkung vielleicht zuvor schwacher Staaten.

Wie und warum Kriege enden

Kein Krieg dauert ewig, auch wenn sich das für die betroffenen Menschen oft anders anfühlt. Kriege haben einen Anfang, einen Verlauf und ein Ende, selbst wenn sich diese Phasen in der Realität häufig nicht so deutlich unterscheiden lassen, wie es vom Schreibtisch aus erscheint. Und nicht selten sind die Kriegsenden nicht so wunderbar, wie man es sich mitten im Krieg vorgestellt hatte, sondern bringen weiteres Leiden mit sich: Leben auf der Flucht, die Gewissheit des Todes guter Freunde oder naher Verwandter, Hunger und fehlende Lebensgrundlagen, die sich nicht in kurzer Zeit wiederherstellen lassen – oder ein Leben unter fremder Militärbesatzung, im Gefängnis oder Internierungslager. Trotzdem: Alle Kriege enden. Selbst der Dreißigjährige (1618–1648) oder der Hundertjährige Krieg (1337–1453) währten nicht ewig. Und – uns zeitlich näher – sogar der Krieg in Afghanistan (1979–2021) scheint beendet, wenn auch ein Wiederaufleben nicht ausgeschlossen werden kann.

Die Umstände ihres Endes können allerdings höchst unterschiedlich sein. Eine Möglichkeit besteht im „Sieg" einer Konfliktpartei, der es gelingt, den Gegner auf dem Schlachtfeld so zu schlagen, dass er zu einer Weiterführung des Krieges nicht mehr in der Lage ist. Dies mag bereits in einem „Blitzkrieg" gelingen, der vielleicht nur Tage oder

Wochen dauert (wie im „Sechs-Tage-Krieg" Israels gegen seine arabischen Nachbarn, 1967), oder erst nach jahrelangen, verlustreichen Kämpfen, wie es in den beiden Weltkriegen des 20. Jahrhunderts der Fall war. Ein direkter militärischer Sieg ist in zwischenstaatlichen Kriegen leichter zu erreichen als in innergesellschaftlichen, in denen der Kampf vor allem um die Loyalität der Bevölkerung geführt wird. Wenn eine Aufstandsbewegung allerdings diesen politischen Kampf bereits verloren hat, dann wird auch ein militärischer Sieg der Regierung zumindest möglich, wie im syrischen Bürgerkrieg. Wenn dagegen eine Regierung den Kampf um Loyalität verloren hat, dann ist ihre Niederlage häufig nicht militärisch bedingt, sondern ein politischer Zusammenbruch, wie dies in Afghanistan beim Sieg der Taliban 2021 der Fall war.

Eine zweite Möglichkeit besteht darin, dass beide Seiten nach einigen Jahren Krieg glauben oder erkennen, einen Sieg nicht mehr erreichen zu können, und sich deshalb auf einen Kompromiss oder eine andere Form des Gleichgewichts einigen. Dies mag eine Rückkehr zum Vorkriegszustand oder Zugeständnisse einer oder beider Seiten beinhalten. Das Ende des Koreakrieges (1950–1953) stellt ein Beispiel dafür dar. Es kommt vor, dass die Erkenntnis, einen militärischen Sieg nicht mehr erreichen zu können – vor allem nicht zu akzeptablen Kosten für das eigene Land –, das Ergebnis einer relativ schnellen Kosten-Nutzen-Analyse ist. Oder es mag sein, dass beide Seiten bis zur wechselseitigen Erschöpfung weiterkämpfen und der Krieg erst dann endet, wenn sie schließlich zur Weiterführung des Krieges schlicht nicht mehr in der

Lage sind, wie im Krieg zwischen dem Irak und dem Iran (1980–1988).

Eine dritte Möglichkeit besteht darin, dass mächtige Dritte (Länder, oder Ländergruppen wie die UNO, die NATO oder EU) kleinere oder mittelgroße Kriegsparteien durch Anreize, Druck oder Zwang zu einem Friedensschluss bewegen. Eine solche Intervention wird insbesondere geschehen, wenn der fragliche Krieg (oder die Erfolgsaussichten einer Konfliktpartei) nicht im Interesse regionaler oder globaler Großmächte liegt oder wenn äußere Mächte eine regionale Destabilisierung befürchten. Unter bestimmten innenpolitischen Voraussetzungen in den Drittstaaten können auch humanitäre Gründe eine Rolle spielen, obwohl dies manchmal nur vorgeschoben wird, um die eigene Einmischung zu rechtfertigen. Anreize können beispielsweise im Angebot wirtschaftlicher Vorteile (etwa bei Exportmöglichkeiten oder beim Wiederaufbau) oder in politischen Garantien zur Verhinderung eines neu aufflammenden Krieges bestehen. Druck oder Zwang wären Wirtschaftssanktionen, ein direktes militärisches Eingreifen oder die Drohung damit. Häufig werden Anreize oder Druckausübung multilateral organisiert, also gemeinsam mit anderen Ländern oder im Rahmen internationaler Bündnisse. So können Risiken minimiert, die Kosten für einzelne Länder begrenzt und ein größeres Maß an innen- und außenpolitischer Akzeptanz erreicht werden.

Diese drei Möglichkeiten bestehen prinzipiell sowohl bei zwischenstaatlichen wie auch innergesellschaftlichen Kriegen. In Fällen eines von außen erzwungenen Friedens kann es allerdings sein, dass der Konflikt unterhalb der

Kriegsschwelle noch jahrelang weiter schwelt, wie etwa in Bosnien-Herzegowina oder im Kosovo. Allerdings erfolgt die Kosten-Nutzen-Kalkulation über die Fortsetzung oder das Ende eines Krieges nicht allein aufgrund der Situation auf dem Schlachtfeld oder anderer militärischer Erwägungen. Häufig sind auch die kriegsbedingten Veränderungen in der Innenpolitik von hoher Bedeutung. Die Ablenkung von innenpolitischen Problemen durch die Verschärfung außenpolitischer Konflikte bis zum Krieg ist ein Beispiel, die Begrenzung oder Beendigung von Kriegen aufgrund wachsenden innenpolitischen Widerstandes ein anderes (der Vietnamkrieg als klassisches Beispiel). Dabei spielt auch eine Rolle, ob ein Krieg um die eigene Existenz geführt wird (wie für die Sowjetunion oder die Nazis im Zweiten Weltkrieg) oder fern der Heimat zur Erreichung begrenzter Ziele (wie bei den Kriegen der USA in Afghanistan oder dem Irak).

Kriege enden also in der Regel, wenn eine Seite sich militärisch durchsetzen kann, wenn die Kriegsziele von beiden Seiten nicht mehr erreichbar sind oder wenn die Kosten (an Menschen, militärischem Material, wirtschaftlicher Kraft oder politischem Einfluss) so hoch sind, dass selbst eine Erreichung der Kriegsziele diese nicht mehr rechtfertigen würde. Deshalb können Kriege auch aufgrund des Drucks äußerer Mächte enden, weil dies ja die Kosten-Nutzen-Situation verändert.

Sogenannte „Entscheidungsschlachten"

In vielen Debatten findet sich der Mythos vom Ende eines Krieges durch eine Entscheidungsschlacht, die zumindest zwischenstaatliche Kriege beende. So sprach der Politikwissenschaftler Herfried Münkler in *ZEIT-Geschichte* kürzlich von einer

> „Entscheidungsschlacht, deren Ausgang maßgeblich dafür ist, wie der Krieg beendet wird: ob der Unterlegene von der politischen Bildfläche verschwindet, ob er auf Territorien verzichten muss, ob der Sieger sich mit der Beseitigung der Machtelite des Verlierers begnügt oder ob er deren Herrschaftsgebiet auflöst und dem eigenen Machtbereich einverleibt."

Nun hat es in der Geschichte immer mal wieder Kriege gegeben, die tatsächlich durch eine große Schlacht „entschieden" wurden. Die Schlacht bei Waterloo beispielsweise brachte tatsächlich die Entscheidung und den Abschluss der napoleonischen Kriege. Aber häufig wird unterstellt, dass solche Schlachten die Regel seien, um Kriege zu beenden, und dass eine Kriegspartei sie sogar anstreben solle. Das entspringt keiner Analyse, sondern einem Mythos, der seine Quellen noch aus der Zeit „heldenhafter" Kriege bezieht. Die „Entscheidungsschlacht" ist das angemessene letzte Kapitel eines literarischen Dramas, aber relativ selten das eines Krieges. Erinnern wir uns daran, dass man im Krieg viele Schlachten gewinnen, aber den Krieg selbst doch verlieren kann. Einzelne Schlachten dürfen nicht überschätzt werden. Wir sollten auch nicht vergessen, wie viele Kriege ohne eine Entscheidungsschlacht endeten: So gab es im Ersten und im Zweiten Weltkrieg zahlreiche wichtige Schlachten, aber keine, die allein eine Entscheidung gebracht hätte. Die Schlacht um Berlin war zwar die letzte des Zweiten Weltkrieges, aber der Krieg war schon vorher entschieden. Auch die Kriege in Korea, Vietnam, Irak oder Afghanistan endeten ohne eine Entscheidungsschlacht. Wenn ein Krieg nach vielen Schlachten schließlich endet, ist die Versuchung groß, seine letzte für die entscheidende zu halten, auch wenn der Krieg aus anderen Gründen entschieden wurde. Das Zusammenspiel von Truppenstärke, Feuerkraft und Mobilität mit Logistik, Kommunikationswesen, Aufklärung und der Qualität der Truppen und Offiziere entscheidet über den Ausgang eines (konventionellen) Krieges, und die Schlachten sind Indikatoren dieses Zusammenspiels. Ob sich die Überlegenheit einer Seite schrittweise und langsam manifestiert oder in einem großen Knall, der sich später als der letzte erweist, kann das Ergebnis historischer Zufälle oder des Geschicks der Kriegsparteien sein – ist aber sicher keine Gesetzmäßigkeit der Kriegführung.

Wann aber wird eine Schlacht aus der Vielzahl der Schlachten zur „Entscheidungsschlacht"? Wenn nach ihr eine der Kriegsparteien zur Fortsetzung des Krieges nicht mehr in der Lage ist. Das kann in seltenen Fällen am Charakter der speziellen Schlacht liegen – der König wird gefangengenommen, die Hauptstadt erobert, die gegnerischen Streitkräfte vollkommen zerschlagen. Aber all dies reicht nicht unbedingt aus: Wenn der gefangene König einen tatkräftigen Bruder oder Erben hat, wenn eine Streitmacht nach Verlust der Hauptstadt den Kampf nicht aufgibt (Russland nach dem

Verlust Moskaus an Napoleon) oder wenn es gelingt, nach dem Verlust einer Armee schnell eine neue aufzustellen oder aus der Ferne heranzuführen – dann bringt selbst die überwältigendste „Entscheidungsschlacht" keine Entscheidung. Ob der konkrete Ausgang einer Schlacht tatsächlich kriegsentscheidend ist, hängt von zahlreichen politischen, wirtschaftlichen und organisatorischen Bedingungen ab. Anders ausgedrückt: Ob ein überwältigender Sieg auf dem Schlachtfeld tatsächlich zum Ende des Krieges führt, erweist sich nicht durch die Schlacht selbst, sondern durch Faktoren, die außerhalb ihrer liegen: an der Fähigkeit und dem Willen einer Kriegspartei, auch nach einer schweren Niederlage den Krieg noch fortzusetzen.

Verhandlungen zur Beendigung eines Krieges

Es gibt immer wieder Diskussionen, dass ein bestimmter Krieg nicht militärisch, sondern durch Verhandlungen beendet werden solle. Das ist an sich eine gute Idee. Es wäre aus humanitären Gründen sicher wünschenswert, wenn politische Konflikte friedlich und nicht militärisch – also durch Krieg – gelöst würden. Und bei der Beendigung von Kriegen kommt es zumindest zum Schluss praktisch immer zu einem diplomatischen Austausch, zu Gesprächen, Verhandlungen und Konferenzen. Die Vorstellung, diese bereits in einer früheren Phase eines Krieges durchzuführen, um menschliches Leiden zu vermeiden, liegt also nahe. Allerdings werden damit die Möglichkeiten der Diplomatie häufig überschätzt. Ein Kriegsende durch Verhandlungen ist nicht zu jedem Zeitpunkt aussichtsreich.

Die Voraussetzung einer „diplomatischen Lösung" besteht schließlich darin, dass beide Seiten zu einem Friedensschluss auch bereit sind. Das ist aber häufig nicht der Fall, oder zumindest nicht sofort oder nicht für beide Konfliktparteien zum gleichen Zeitpunkt. Der Krieg gegen die Taliban in Afghanistan war ein Beispiel dafür. So lehnten die USA und ihre Verbündeten eine Verhandlungslösung mit den Taliban lange ab, weil sie diese aufgrund ihrer militärischen Überlegenheit nicht für nötig hielten. Als die USA schließlich nicht mehr lediglich über eine Kapitulation der Taliban, sondern über ihren eigenen Abzug und eine allgemeine Friedenslösung verhandeln wollten, da sie den Krieg trotz alle Überlegenheit nicht gewinnen konnten, verweigerten die Taliban einen grundsätzlichen Friedensschluss und handelten nur den Abzug der US-Truppen aus. Sie hatten mit gutem Grund den Eindruck, dass die westlichen Staaten dabei waren, den Krieg politisch – nicht militärisch – zu verlieren, und nur abwarten zu müssen, bis sie sich zurückziehen würden. Oder denken wir an den Zweiten Weltkrieg. Als die Nazis Polen und dann die Sowjetunion (und zahlreiche andere Länder) überfielen, wäre der Vorschlag einer „Verhandlungslösung" absurd gewesen. Sie waren schließlich nicht aufgrund von Missverständnissen in den Krieg hineingeraten, sondern hatten ihn absichtlich als Angriffs- und Vernichtungskrieg begonnen – Verhandlungsangebote wären aussichtslos gewesen, solange man den Aggressoren nicht gab, was sie wollten. Dies zeigte sich am sogenannten „Münchener Abkommen" (1938): Unter Ausschluss der Tschechoslowakei erlaubten Frankreich und Großbritannien Nazideutschland die militärische Besetzung von Teilen der Tschechoslowakei, um einen drohenden Krieg zu verhindern. Mussolinis Italien hatte das Abkommen vermittelt. Nur wenige Monate später besetzte Nazideutschland dann zusätzlich unter Bruch dieses Abkommens die „Resttschechei", und begann noch einmal wenige Monate später den Zweiten Weltkrieg. Ebenso wenig, wie Verhandlungen zum Interessensausgleich und einer Verständigung zwischen Vergewaltigern und ihren Opfern aussichtsreich sind, sollte man sich von reinen Verhandlungen zwischen militärischen Aggressoren und deren Opfern etwas erhoffen – zumindest, solange ein Aggressor nicht wesentlich geschwächt ist. Verhandlungen können sehr wirksam sein, wenn sie zwischen mehr oder weniger Gleichen zur Beilegung von Interessensunterschieden geführt werden, bei denen beide Seiten Zugeständnisse machen, um die Interessen der Gegenseite zu berücksichtigen. Wenn ein Krieg begonnen wird, um einen Gegner zu erobern oder zu vernichten, ist an einen solchen Interessensausgleich nicht zu denken, wenn sich die Kräfteverhältnisse nicht zuvor ändern. Wenn unter solchen Umständen Verhandlungen begonnen werden, dann können sie nur dazu dienen, die Aggression und Eroberungen abzusichern, oder aber dazu, Zeit vor einer neuen Eskalation zu gewinnen. Man könnte es auch so ausdrücken: Verhandlungen mit einer vorgehaltenen Waffe am Kopf sind sicher kein Beitrag zu friedlicher Konfliktbeilegung. Zwar kann man solche Verhandlungen kaum ablehnen, sollte aber nicht zu große Hoffnungen hegen, zu einem stabilen und fairen Interessenausgleich zu kommen.

Andererseits: Wenn zwei Parteien nur begrenzte unterschiedliche Interessen verfolgen, die sich nicht ausschließen, dann können Verhandlungen oder Vermittlungen dazu beitragen, Spannungen zu vermindern und einen Krieg zu vermeiden oder zu beenden. Die Voraussetzung besteht jedoch darin, dass beide Seiten zu einer friedlichen Konfliktbeilegung bereit sind. Es sollte auch daran erinnert werden, dass Gespräche und Verhandlungen zwischen Kriegsparteien gar nicht selten sind, um bestimmte, konkrete Ziele zu erreichen, etwa einen Gefangenenaustausch, propagandistische Vorteile oder Zeitgewinn. Solche Verhandlungen dürfen aber nicht mit einer „diplomatischen Lösung" des Krieges verwechselt werden, also mit der Erreichung eines stabilen und möglichst gerechten Friedens. Dies wird nur gelingen, wenn beide Seiten tatsächlich bereit zum Frieden sind. Und selbst wenn sie das sind, werden die Verhandlungen meist als eine Mischung von Tauziehen und Kuhhandel erscheinen – was aber angesichts des Ziels eines Endes des Krieges eher nebensächlich sein dürfte.

Kriegsende bei innergesellschaftlichen Kriegen

Bisher haben wir uns auf das Ende zwischenstaatlicher Kriege konzentriert. Manches davon trifft auch für innergesellschaftliche Kriege zu, also für Aufstandskriege oder Guerillakriege, etwa die Frage, ob beide Seiten einen Sieg noch für möglich halten, oder die der Kosten-Nutzen-Kalkulation. Manches folgt bei innergesellschaftlichen Kriegen aber anderen Regeln. Während es bei zwischenstaatlichen Kriegen fast immer nur sehr wenige Konfliktparteien gibt, stellt sich dies bei innergesellschaftlichen zum Teil ganz anders dar. Im syrischen Bürgerkrieg lag auf Seiten der Opposition die Zahl der bewaffneten Gruppen im dreistelligen Bereich, in Afghanistan wahrscheinlich sogar im Vierstelligen. Das prägt nicht allein den Charakter eines Krieges entscheidend mit, sondern wirkt sich auch auf die Friedensmöglichkeiten aus. Wie wir wissen, kann ein Friedensschluss auch zwischen einer Handvoll Kriegsparteien bereits schwierig sein. Wenn aber Dutzende, Hunderte oder mehr bewaffnete Gruppen zum Frieden kommen sollen, dann wird ein Friedensschluss höchst komplex und schwierig. Dies ist umso mehr der Fall, wenn diese zahlreichen Gruppen auch noch über sehr unterschiedliche Interessen verfügen und häufig selbst untereinander im Konflikt liegen. Ethnische Unterschiede, wirtschaftliche Interessen, persönliche Konkurrenzen zwischen den Anführern, ideologische Unterschiede, ausländische Einflüsse auf manche dieser Gruppen, eine große oder fehlende Kompromissbereitschaft mit dem Kriegsgegner (meist einer Regierung) und viele andere Faktoren sorgen dafür, dass Verhandlungen und ein Friedensabkommen bei solchen innergesellschaftlichen Kriegen eine große Herausforderung sind. Je mehr dieser Parteien eine Einigung sabotieren, desto schwieriger wird es. Dann kann es erforderlich sein, eine Anzahl solcher Gruppen im Friedensprozess zu ignorieren oder ganz auszuschließen – was aber nur möglich ist, wenn diese nur von geringer Bedeutung sind und allein den Krieg nicht wirksam weiterführen können.

Ein zweites Problem bei Friedensschlüssen in innergesellschaftlichen Kriegen kann darin bestehen, dass insbesondere die nichtstaatlichen Konfliktparteien ihre eigenen Truppen nicht immer wirksam kontrollieren. In Ausnahmefällen kann dies auch in zwischenstaatlichen Kriegen der Fall sein, so wie am Ende des Deutsch-Französischen Krieges (1870/71), als die französische Regierung feststellte, dass viele Bewaffnete in Paris ihr nicht mehr folgten. Aber wenn eine Kriegspartei aus einer unübersichtlichen Menge an bewaffneten Gruppen, Milizen oder Banden besteht, kann man nicht davon ausgehen, dass diese ihren Anführern immer folgen. Damit werden Friedensschlüsse natürlich deutlich erschwert: Eventuell gelangen die politischen Führer der Konfliktparteien dann zwar zu Ergebnissen bei Friedensverhandlungen, können diese aber bei den eigenen Anhängern oder Kämpfern nicht durchsetzen – womit ein Friedensschluss scheitern würde.

Probleme nach dem Ende der Kampfhandlungen

Manche Kriege werden zwar beendet, aber der Friede bleibt unsicher und zerbrechlich. Dies kann daran liegen, dass die ursprünglichen Interessenskonflikte nicht oder nicht fair geregelt wurden oder dass durch die Ergebnisse des Krieges sogar noch zusätzliche Konflikte geschaffen werden – wie etwa nach dem Deutsch-Französischen oder dem Ersten Weltkrieg, als die jeweils unterlegene Seite demonstrativ gedemütigt und durch Gebietsverluste und Reparationszahlungen bestraft wurde. Eine tatsächliche Verständigung und ein darauf beruhender fairer und stabiler Friede wurden so maßgeblich erschwert. Auch die beiden Kriege der USA gegen den Irak Saddam Husseins führten zu keinem Frieden, sondern zu einem irakischen Bürgerkrieg. Das Ende des Zweiten Weltkrieges und der japanischen Besatzung führte in Asien nicht zum Frieden, sondern zu langwierigen anti-kolonialen Befreiungskriegen (insbesondere in Vietnam) oder zum Wiederaufflammen des Bürgerkrieges (China). Friedensschlüsse führen oft erst dann zu dauerhafter Stabilität und zu tatsächlichem Frieden, wenn sie umfassend sind, also alle Konfliktparteien einbeziehen, und gerecht. Ansonsten besteht die Gefahr, dass Kriege in ähnlicher oder neuer Form bald erneut ausbrechen. Ob der Frieden gelingt, ist weniger eine militärische Frage, sondern hängt vom politischen Willen der Beteiligten ab, insbesondere auf Seiten der Sieger.

Ein häufig zu beobachtendes Problem besteht dabei in der verzerrten oder emotional überfrachteten Wahrnehmung des vergangenen Krieges und Friedensschlusses. So bestand nach dem Ersten Weltkrieg in Deutschland der Mythos, das deutsche Militär sei im Kriege „eigentlich" siegreich gewesen, habe aber durch finstere Mächte in Deutschland selbst „einen Dolchstoß in den Rücken" erhalten und deshalb nicht weiterkämpfen können. Dies vergiftete das innenpolitische Klima und erschwerte, sich mit der eigenen Niederlage abzufinden. Und nach dem Krieg zwischen Iran und Irak (1980–1988) glaubte mangels unabhängiger Informationen der Großteil der iranischen Bevölkerung der Regierungspropaganda, dass der Iran den Krieg gewonnen habe – nichts konnte falscher sein. So sollten die hohen und völlig überflüssigen menschlichen Verluste noch gerechtfertigt werden. Insgesamt sind Friedensschlüsse aussichtsreicher und stabiler, wenn die Sicht auf den früheren Krieg möglichst wenig durch Mystifizierung blockiert wird und wenn der Friede nicht allein von den politischen Eliten, sondern von der gesamten Gesellschaft getragen wird. Eine kritische wie auch selbstkritische Aufarbeitung der Vergangenheit und ein darauf aufbauender Versöhnungsprozess zwischen den beteiligten Gesellschaften können eine solide Basis für dauerhaften Frieden sein.

Die Zukunft des Krieges

Krieg gehört schon überaus lange zur menschlichen Gesellschaft, vermutlich seit Beginn der Sesshaftigkeit und der Einführung des Ackerbaus. Zugleich hat der Krieg immer wieder seine Erscheinungsformen geändert. Aber hat er dabei nur seine äußerliche Form geändert, vielleicht seinen Charakter, oder gar sein eigentliches „Wesen"? Diese Frage ist nicht neu – schon Carl von Clausewitz hatte sie auf einem technologisch weit einfacheren Niveau gestellt. Aber die technischen Revolutionen seit der Einführung der Dampfmaschine, zuverlässiger und präziser Schusswaffen mit hoher Schussfrequenz und inzwischen der „intelligenten" Waffen haben sie drängender werden lassen. Hat der Krieg also – sozusagen – nur seine Farbe geändert oder vielleicht auch seine Grammatik? Oder ist aus ihm etwas ganz Anderes geworden, das wir nur aus Gewohnheit mit demselben Begriff bezeichnen?

Bereits auf einem stabilen technologischen Niveau war der Krieg nie ein einheitliches Phänomen, sondern umfasste sehr unterschiedliche Typen. Darüber haben wir oben gesprochen. Zugleich war er immer schon im Wandel begriffen, hat andere Formen angenommen und sich weiterentwickelt. Eben dieser Wandel gehört zum Wesen des Krieges. Der technologische Fortschritt trug wesentlich dazu bei, aber auch politische und gesellschaftliche Umbrüche. Aber Krieg war immer noch Krieg, auch wenn er nun anders geführt wurde. Selbst in „totalen" Kriegen wie dem Zweiten Weltkrieg blieb Krieg Krieg. Er wurde anders geführt, er folgte tatsächlich einer anderen „Grammatik", aber sein kriegerisches Wesen blieb. In gewissem Sinne bestätigten diese Veränderungen nur, dass Krieg eben nichts Statisches, nichts ewig Unveränderliches ist, sondern dass Innovation, Wandel, Weiterentwicklung und die Nutzung neuer Technologien (und neuer politischer, gesellschaftlicher und organisatorischer Mittel) gerade zu seinem Wesen gehörten und weiter gehören.

Insofern gibt es keinen Grund, die seitdem eingetretenen technologischen Veränderungen grundlegend anders zu bewerten. Es ist nicht zu bestreiten, dass diese den Charakter von Krieg wesentlich veränderten. Die Präzision der Waffen, ihre potenzielle Zerstörungskraft, „intelligente" Waffen, ihre Verbindung, Verknüpfung und Integration zu komplexen Waffen*systemen*, die Erschließung völlig neuer Dimensionen der Kriegführung (zuerst des Luftraums, dann des Weltraums, inzwischen auch des „Cyberspace") waren noch vor hundert Jahren undenkbar und haben die Organisationsweisen, die Strategie und die Taktik der Kriegführung grundlegend geändert. Die Definition des Krieges, nachdem er die organisierte und systematische Anwendung von Gewalt in Großverbänden von einiger Dauer zur Durchsetzung politischer Zwecke darstellt, von denen in der Regel mindestens eine Seite staatlich verfasst ist, gilt weiterhin, selbst wenn die Gewaltmittel und ihre Organisationsformen sich weiterentwickelt haben. Kriege wurden immer auf der technologischen Höhe der jeweiligen historischen Epoche geführt. Dies ist auch heute der Fall, und es gibt keinen Grund, etwas anderes zu erwarten. Kaum eine Kriegspartei würde freiwillig weniger wirksame Gewaltmittel und Instrumente der Kriegführung einsetzen, wenn effektivere zur Verfügung stehen. Dieses grundlegende Prinzip gilt weiterhin, und die technologische Modernisierung des Krieges ist sein Ausdruck.

Zukünfte, die schon hinter uns liegen ...

Die Einführung der Atomwaffen führte zu einer grundlegenden Veränderung der Strategien und z. T. Taktiken, weil Atomkriege zwischen den beiden Supermächten durch wechselseitige „Abschreckung" und auch generell eine Eskalation von Krieg über die atomare Schwelle verhindert werden mussten. So wurde die früher übliche Kriegführung zwischen Großmächten faktisch ausgeschlossen und eskalationsgefährdete Konflikte wurden „eingefroren". Dies führte zur Ausbreitung von „Stellvertreterkriegen" in der sogenannten Dritten Welt. Dabei handelte es sich meist um Kriege innerhalb eines Landes, in der Regel zwischen der dortigen Regierung und einer Aufstandsbewegung, in der die beiden Supermächte USA und Sowjetunion die unterschiedlichen Kriegsparteien militärisch und politisch unterstützten. Die Kriege in El Salvador, Nicaragua, Angola und Mosambik in den 1980er Jahren waren bekannte Beispiele, aber die Liste könnte fast beliebig verlängert werden. Nur in wenigen Fällen setzten die Supermächte größere eigene Truppenverbände ein, wie die USA im Korea- und Vietnamkrieg (1950–1953; bzw. 1955–1975, US-Truppen vor allem ab 1964) und die Sowjetunion bei der Besetzung Afghanistans (1979–1989). Die Supermächte führten also durchaus Krieg, und die eine Supermacht unterstützte die Gegner der jeweils anderen – aber beide achteten sorgfältig darauf, nicht zur Ebene einer direkten Konfrontation zu eskalieren. Auch sollte nicht vergessen werden, dass die allermeisten Militäreinsätze größerer Mächte in Ländern der Dritten Welt unterhalb der Schwelle eines Krieges blieben. Allein die USA setzten buchstäblich Hunderte Male Soldaten ein, in der Regel in der Dritten Welt. Dies diente Zwecken wie der Unterstützung unbeliebter oder diktatorischer Regierungen, dem Sturz von „linken" oder als feindselig betrachteten Regierungen oder Bewegungen, der Sicherung des regionalen Einflusses oder wirtschaftlicher Interessen. Häufig fanden solche Operationen auch im Zusammenspiel mit dem US-Auslandsgeheimdienst, der CIA, statt.

Wir können hier festhalten, dass die Militäreinsätze während des Kalten Krieges überwiegend begrenzt blieben, auf die Unterstützung lokaler Klienten oder den Sturz unliebsamer Regierungen zielten und selten gegen militärisch starke Mächte erfolgten. Auch unter Mittelmächten blieben große Kriege seltene Ausnahmen. Anders ausgedrückt: Größere zwischenstaatliche Kriege, wie sie die Jahrhunderte zuvor an der Tagesordnung gewesen waren (neben anderen Kriegsformen), wurden kaum noch geführt. Eine wesentliche Ausnahme war der Krieg zwischen Irak und Iran (1980–1988), der schätzungsweise eine Million Todesopfer forderte. Als die Sowjetunion 1991 zusammenbrach und damit der Kalte Krieg endgültig endete, änderte sich an der Seltenheit großer zwischenstaatlicher Kriege zuerst nichts. Militärinterventionen setzten sich fort, aber deren Begründungen verschoben sich von antikommunistischen Argumenten zu „humanitären Interventionen", die zumindest vorgaben, sich gegen großes menschliches Leiden oder Völkermord zu wenden. Etwas später, nämlich nach dem September 2001, wurden Militärinterventionen und Kriege noch anders gerechtfertigt, nämlich als „Kriege gegen den Terrorismus" – vor allem die Kriege in Afghanistan und dem Irak, aber auch Drohneneinsätze in Pakistan oder dem Jemen.

Insgesamt waren die meisten Kriege nach Ende des Zweiten Weltkrieges innergesellschaftliche Gewaltkonflikte, die durch externe Interventionen internationalisiert wurden. Sie wurden oft als Kriege gegen Aufstandsbewegungen geführt, also ohne große Schlachten. Die externen Länder nahmen beratend, finanzierend, leitend, durch Waffenlieferungen oder mit Truppen an diesen Kriegen teil.

Die Rückkehr zwischenstaatlicher Kriege

Der dramatischste Trend zukünftiger Kriegführung liegt in der Rückkehr zwischenstaatlicher Kriege, die Jahrzehntelang fast überwunden schienen. Die ersten Jahre nach dem

Kalten Krieg waren durch eine fast absolute Dominanz der USA im internationalen System gekennzeichnet. Aber schon bald nach dem Beginn des 21. Jahrhunderts zeigten sich erste Symptome eines Machtverlustes der „letzten Supermacht". Selbst eine militärisch turmhoch überlegene Großmacht wie die USA war nicht in der Lage, ihre Kriegsziele in Ländern wie Afghanistan und dem Irak gewaltsam durchzusetzen. Einer der Gründe bestand darin, dass sie den Charakter der von ihnen geführten Kriege missverstanden oder sich zumindest weigerten, sich auf diesen nicht-staatlichen Charakter wirklich einzulassen. Da auch die wirtschaftliche Dominanz der USA in der Weltwirtschaft durch den Aufstieg Chinas und anderer Mächte bereits deutlich geschwächt war, kam deren unipolare Vorherrschaft bald an ihr Ende.

Seit dem frühen 21. Jahrhundert kommt es zu einer Renationalisierung der internationalen Politik, die ans späte 19. Jahrhundert erinnert. Statt sich wie im Kalten Krieg in die Disziplin zweier Blöcke einzuordnen oder im anschließenden „unipolaren Augenblick" der US-Vorherrschaft deren Führung zu akzeptieren, bemühen sich viele Staaten zunehmend, auf eigene Rechnung Machtpolitik zu betreiben. China, Russland, der Iran, Saudi-Arabien, sogar Qatar und die Arabischen Emirate, Brasilien, Indien, die Türkei oder Nordkorea versuchen auf sehr unterschiedliche Weise, sich der Dominanz anderer zu entziehen, multilaterale Politikmechanismen zu schwächen oder eigene Einflusszonen zu etablieren. Diese Neukonfigurierung des internationalen Systems zu einer multipolaren Struktur wird in Zukunft zu mehr Instabilität führen. Die zunehmende Konkurrenz relativ vieler Akteure sorgt bereits heute für größere Unsicherheit als die frühere Disziplin zweier Blöcke oder die Dominanz einer Zentralmacht. Dies gilt umso mehr, weil der Aufstieg der neuen Mächte gegen den Widerstand der alten – der USA und ihrer Verbündeten, teils auch gegen regionale Konkurrenten – erst durchgesetzt werden muss.

Der teilweise Zerfall des internationalen Systems in zahlreiche miteinander konkurrierende und taktisch kooperierende nationalistische Staaten hat beträchtliche Auswirkungen auf die Zukunft der Kriegführung. Zuvor waren Kriege zwischen Nationalstaaten schwer zu führen, da die meisten Länder nur mit ihren jeweiligen Verbündeten dazu in der Lage gewesen wären – diese aber kaum ein Interesse daran haben konnten, in solche Kriege hineingezogen zu werden, insbesondere wenn es zu einer internationalen Eskalation kommen konnte. Es war kein Zufall, dass einer der wenigen zwischenstaatlichen Kriege während des Kalten Krieges zwischen zwei Staaten geführt wurde, die außerhalb des Blocksystems standen: Irak und Iran. Mit dem Wiederaufstieg nationalistischer Außenpolitik in vielen Ländern fiel die disziplinierende Wirkung des alten internationalen Systems fort. Der Eritreisch-Äthiopische Krieg (1998–2000) und der freilich nur kurze Krieg Russlands gegen Georgien (2008) sowie die Serie kleiner Kriege zwischen Armenien und Aserbaidschan (seit den 1990er Jahren, 2020, 2023) sind Anzeichen dafür, dass zwischenstaatliche Kriege wieder möglich sind. Bemerkenswerterweise fand die Mehrheit dieser Kriege in der Nachbarschaft Russlands statt, eines Landes, das unter Präsident Putin (Präsident bzw. kurzzeitig Ministerpräsident seit Ende 1999) mit hohem ideologischen und materiellen Aufwand wieder zur Großmacht werden will. Und diese Politik der regionalen Vorherrschaft äußerte sich naturgemäß zuerst in der direkten Nachbarschaft, insbesondere in Regionen, die früher einmal zur Sowjetunion gehört hatten. Zunächst handelte es sich allerdings „nur" um eine Politik der Einschüchterung und der begrenzten Militäreinsätze und kleinen Kriege. Das änderte sich seit 2014, als Russland die Krim-Halbinsel von der Ukraine gewaltsam annektierte und im ukrainischen Osten im Donbass und Luhansk große Gebiete besetzte. Seitdem wird dort gekämpft. Im Februar 2022 schließlich überfiel Russland den noch unabhängigen Teil der Ukraine, um das Land entweder völlig abhängig zu machen oder gar Russland einzugliedern. Der gescheiterte Versuch, zu Beginn des Krieges schnell auf die ukrainische Hauptstadt Kiew vorzustoßen und die Stadt zu besetzen, deutet darauf hin, dass der Krieg aus russischer Perspektive nicht allein um einige Regionen der Ostukraine geführt wird, sondern um die vollständige Kontrolle der Ukraine. Der Ukrainekrieg stellt eine politisch neue Phase der Kriegführung dar – beziehungsweise die Rückkehr zu früheren Zeiten. Wie bis in die erste Hälfte des 20. Jahrhunderts sind zwischenstaatliche Kriege in Europa wieder möglich, und wie in diesen Zeiten spielt das Völkerrecht dabei keine Rolle. Wobei allerdings nicht übersehen werden sollte, dass es auch während des Kalten Krieges zahlreiche Völkerrechtsbrüche durch mächtige Staaten gegeben hatte, und auch Kriege innerhalb und außerhalb Europas geführt worden waren – wenn auch meist innerstaatliche. Die

Kriege bei der Auflösung des früheren Jugoslawiens sind die wichtigsten Beispiele.

Wir müssen annehmen, dass die Zeit der Renationalisierung der internationalen Politik in absehbarer Zeit nicht enden, sondern sich fortsetzen wird. Auch wenn dies kaum zu einem vollständigen Zerfall der internationalen Ordnung führen dürfte, so wird das ohnehin noch schwache Geflecht multilateraler Regeln und Normen, einschließlich des Völkerrechts, schrittweise untergraben und ausgehöhlt. Die unbedingte Handlungsfähigkeit einzelner Mächte zur Verfolgung ihrer egoistischen Interessen kann Bindungen durch multilaterale Strukturen, Instanzen und Regeln nicht widerspruchslos akzeptieren. Erst wenn sich im Rahmen der verschärften nationalistischen Konkurrenzen eine neue Machtstruktur halbwegs stabil durchgesetzt haben wird (etwa nach der erfolgreichen Etablierung Chinas als neue Supermacht und mehrerer regionaler Einflusssphären anderer Mächte), kann es zu einem neuen internationalen System kommen, das unter veränderten Regeln wieder ein größeres Maß an Stabilität gewährleistet. In den nächsten beiden Jahrzehnten ist damit allerdings noch nicht zu rechnen.

In der Zwischenzeit setzt sich der Prozess einseitiger, nationalistischer Interessensdurchsetzung weiter fort, was wichtige Auswirkungen auf den Umgang mit militärischer Gewalt hat. Auch in den USA ist diese Tendenz massiv ausgeprägt. Nicht allein Donald Trump und seine Parole *Make America great again* sind deren Ausdruck, sondern große Teile des US-Gesellschaft folgen dem Motto „Amerika zuerst". Von einem dichten Schleier ideologischer Rechtfertigungen verborgen, besteht dieser unilaterale Impuls der USA schon seit dem 19. Jahrhundert, nur gemildert von den multilateralen Verpflichtungen, die letztlich ebenfalls im eigenen Interesse lagen. Aber bereits im Kalten Krieg hatten die USA niemanden gefragt, ob sie den Vietnamkrieg beginnen oder die Karibikinsel Grenada erobern sollten (1983). Und als die US-Regierung unter George Bush 2003 ihren Krieg gegen den Irak begann, erfolgte auch dies nicht nur gegen das Völkerrecht, sondern auch im Widerspruch zu vielen Verbündeten. Man darf sich also nicht darüber wundern, dass später auch andere Länder unter Ignorierung des Völkerrechts zur Anwendung militärischer Gewalt neigten, als sich die Spielräume für solches Verhalten erweiterten. Das führte nicht sofort zu größeren zwischenstaatlichen Kriegen, aber zu einer ganzen Reihe von Gewaltkonflikten oder militärischen Einschüchterungen, die eskalieren können. Die türkischen Militärinterventionen in Syrien und dem Irak, die militärischen Aktivitäten des Iran im Irak, in Syrien, dem Libanon und im Jemen, die Kriegführung Saudi-Arabien und der Arabischen Emirate gegen die Huthi im Jemen sind Beispiele dafür, wie Nationalstaaten außerhalb von Bündnissen oder anderen multilateralen Strukturen ihre regionale Dominanz aufbauen oder ausdehnen wollen. Und sie demonstrieren, wie nationale Machtpolitik regionaler Mächte Gewaltkonflikte und Kriege in der Nachbarschaft verschärfen kann.

Die zentrale Rolle bei der Untergrabung des alten und der schrittweisen Herausbildung eines neuen internationalen Systems spielt allerdings China. China ist einerseits dabei, durch seine militärische Expansion im Südchinesischen Meer und seine Bedrohung Taiwans eine Zone regionaler Vorherrschaft aufzubauen. Dabei besteht die Gefahr begrenzter gewaltsamer Konflikte, etwa mit den Philippinen oder Vietnam. Bezogen auf Taiwan droht im nächsten Jahrzehnt sogar ein chinesischer Eroberungskrieg. Zumindest bereitet sich die nationalistische Außenpolitik unter Präsident Xi systematisch darauf vor. Zugleich allerdings geht die chinesische Politik über die Durchsetzung regionaler Vorherrschaft – die schließlich auch Japan, Südkorea und sogar Australien betreffen würde – weit hinaus. Auf der Basis seines dramatischen wirtschaftlichen und technologischen Aufstiegs, seiner schieren Größe und seines Bevölkerungsreichtums bemüht sich China systematisch darum, die Nachfolge der Sowjetunion als Supermacht anzutreten und sich als wichtigster Gegenpol zu den USA zu etablieren – nicht allein militärisch, sondern zuerst politisch und geostrategisch. Chinas Politik der „Neuen Seidenstraße" gehört in diesen Zusammenhang. Dieser strategische Anspruch auf Parität hat in den USA bereits zu einer scharfen anti-chinesischen Politik geführt, die neben wirtschaftlichen auch militärische Aspekte aufweist. Neue Stellvertreterkriege zwischen beiden Gegnern und begrenzte direkte Gewaltkonflikte sind in den nächsten Jahrzehnten durchaus möglich. Im Falle eines chinesischen Angriffs auf Taiwan ist sogar eine direkte Kriegsbeteiligung der USA möglich.

Auch die zukünftige Politik Russlands birgt die Gefahr weiterer, zwischenstaatlicher Kriege. Sollte es den gegenwärtigen Krieg um die Ukraine gewinnen, was in hohem Maße davon abhängt, ob die Ukraine aus dem Westen weiter und dauerhaft eine massive Militärhilfe erhält, würde dies Russland und auch anderen Ländern signalisieren, dass eine Rückkehr zur nationalistischen Außenpolitik des späten 19. Jahrhunderts durchaus funktionieren und Vorteile bieten kann. Das überkommene internationale System würde einen weiteren, schweren Schlag erleiden und weiter an Glaubwürdigkeit verlieren. Westeuropa würde sehr wahrscheinlich massiv aufrüsten, um von weiteren russischen Vorstößen nicht wieder überrascht zu werden – insbesondere, wenn die USA ihr Engagement in Europa weiter reduzieren. In Deutschland kämen eine Wiedereinführung der Wehrpflicht und sogar eine atomare Bewaffnung auf die Tagesordnung. Falls Russland den Ukrainekrieg allerdings verlöre, sähe die Lage nur unwesentlich besser aus: Ein gedemütigtes Russland wäre vermutlich im Inneren instabil und nach außen revanchistisch. Es würde zwar an Macht verlieren und wäre als Möchtegern-Großmacht diskreditiert, wäre aber außen- und militärpolitisch noch unberechenbarer, was bei einem Land mit weiterhin großer Armee und einem riesigen Arsenal an Atomwaffen eine bedrohliche Aussicht wäre. Dazu kommt in beiden Fällen – bei einem russischen Sieg wie besonders bei einer Niederlage –, dass Russlands außenpolitische und wirtschaftliche Abhängigkeit von China wachsen wird. Dies wiederum müsste die Position Chinas in der Weltpolitik stärken und den Konflikt mit den USA weiter verschärfen. Ein von Peking geführter russisch-chinesischer Machtblock mit zahlreichen Unterstützern in der Dritten Welt (etwa in Afrika, Teilen des Mittleren Ostens und Asiens) könnte eine neue Bipolarität einleiten, wobei der Westen nun in einer schwächeren Position wäre als während des Kalten Krieges. Während sich damals die Macht der Sowjetunion ausschließlich auf ihre militärischen Fähigkeiten beschränkte, insbesondere ihr Atomwaffenpotenzial, würde dieser neue Block auf einer soliden Basis wirtschaftlicher Stärke beruhen. Von einer wirtschaftlichen und technologischen Überlegenheit des Westens wäre nicht mehr sicher auszugehen – mit wichtigen Auswirkungen auf zukünftige Kriege.

Wir leben insgesamt in einer Zeit innen- und außenpolitischer Umbrüche, wachsender Instabilität und zunehmender zwischenstaatlicher Konflikte. Damit wächst auch die Kriegsgefahr. Nationalismus, Fremdenfeindlichkeit und Rassismus haben in sehr vielen Ländern einen deutlichen Aufschwung genommen, und es ist noch nicht absehbar, dass diese Welle zum Stillstand käme. Ein solches politisches Klima ist für friedliche Konfliktbewältigung nicht günstig. Der Hindu-Nationalismus in Indien, die Präsidentschaft Jair Bolsonaros in Brasilien (2019–2022) oder Rodrigo Dutertes in den Philippinen (2016–2022) sind Beispiele aus der Dritten Welt, aber bedeutsamer sind natürlich China und Russland. Doch selbst in Mittel- und Westeuropa – beispielsweise in Großbritannien (Brexit), Ungarn, Polen, der Slowakei, Italien, Frankreich oder Deutschland – sind entsprechende Ideologien heute in großen Teilen der Gesellschaft hoffähig oder dominieren sogar die Regierungen. Zugleich ist das internationale System aus dem Gleichgewicht geraten, weil die USA ihre frühere Dominanz angesichts aufstrebender Machtzentren nicht mehr behaupten können. Große Teile der Bevölkerung und der politischen Eliten stehen heute multilateralen Problemlösungen ablehnend gegenüber. Der Rassismus und Nationalismus des früheren – womöglich bald erneuten – Präsidenten Trump und die Unterstützung von etwa der Hälfte der Bevölkerung für seine Politik gehören auch in diesen Zusammenhang. Ohne die mäßigende Wirkung eines stabilen Blocksystems, einer unbestrittenen Hegemonialmacht oder anderer Formen einer institutionalisierten internationalen Kooperation führen diese Umbrüche zu Instabilität und zu einer Wiederkehr militärisch offensiver Außenpolitik. Die letzten Jahrzehnte waren zwar durchaus blutig und brachten immer wieder militärische Gewalt und Krieg mit sich – aber diese wurden meist an die „Ränder" des internationalen Systems abgedrängt und daran gehindert, sich zu größeren zwischenstaatlichen Kriegen auszuweiten. Frieden gab es zwar nur in den globalen „Zentren", aber ein Flächenbrand konnte verhindert werden. Diese Phase der menschlichen Geschichte neigt sich ihrem Ende zu. Zwischenstaatliche Kriege, auch unter Beteiligung der Großmächte, sind wieder möglich und wahrscheinlicher geworden. Die dämpfenden Mechanismen des Multilateralismus sind wesentlich geschwächt. Vieles spricht dafür, dass innergesellschaftliche Kriege weiter geführt werden, dass es aber zusätzlich zu mehr zwischenstaatlichen Kriegen kommt.

Zeitenwende in Berlin?

Die erwähnten Umbrüche und insbesondere der russische Überfall auf die Ukraine veränderten die Militärpolitik in Europa grundlegend. In den Worten von Bundeskanzler Scholz: „Wir erleben eine Zeitenwende. Und das bedeutet: Die Welt danach ist nicht mehr dieselbe wie die Welt davor." Verteidigungsminister Pistorius ging inzwischen über die Formulierungen seines Kanzlers noch deutlich hinaus. Er verlangte einen nötigen „Mentalitätswechsel" der deutschen Sicherheitspolitik. „Wir müssen uns wieder an den Gedanken gewöhnen, dass die Gefahr eines Krieges in Europa drohen könnte", sagte Pistorius im ZDF. „Und das heißt: Wir müssen kriegstüchtig werden. Wir müssen wehrhaft sein. Und die Bundeswehr und die Gesellschaft dafür aufstellen."

Dies stellte einen scharfen Bruch mit der Vergangenheit dar. Seit der Gründung der Bundeswehr (1955) bis zum Ende des Kalten Krieges war ihre offizielle Aufgabe die Abschreckung, nicht die Führung eines Krieges. Kriegsfähigkeit war dem nachgeordnet, da die Abschreckung primär von den Atomwaffen auf beiden Seiten gewährleistet wurde. Nach Ende des Kalten Krieges war zuerst unklar, wozu die Bundeswehr überhaupt noch dienen sollte. Krieg war es sicher nicht. In den 1990er Jahren war Deutschland nach der Auflösung des Warschauer Pakts und der Sowjetunion nun „von Freunden umzingelt". Durch massive Einsparungen bei Personal, Bewaffnung und Ausrüstung kam es zu einer beträchtlichen „Friedensdividende". Zwischen etwa 1990 und kurz nach 2022 standen zwischenstaatliche Kriege für die Bundeswehr nicht auf der Tagesordnung. Die Bundeswehr wurde für „Stabilisierungs"- oder „Peace-Keeping"-Einsätze (etwa auf dem Balkan) oder eine nachgeordnete Rolle in weit entfernten innergesellschaftlichen Kriegen (Afghanistan und Mali) eingesetzt.

Vor diesem Hintergrund stellten die Forderungen des Verteidigungsministers nach Wehrhaftigkeit und Kriegstüchtigkeit einen dramatischen Bruch dar. Statt Auslandseinsätzen mit begrenztem Aufwand wurde nach dem russischen Überfall auf die Ukraine auch ein großer, zwischenstaatlicher, intensiver Krieg mitten in Europa wieder realistisch. Und Deutschland wie die gesamte NATO waren auf diese neue Situation nicht vorbereitet. „Ziel", so der Kanzler im Februar 2022, „ist eine leistungsfähige, hochmoderne, fortschrittliche Bundeswehr, die uns zuverlässig schützt. ... Wir brauchen Flugzeuge, die fliegen, Schiffe, die in See stechen, und Soldatinnen und Soldaten, die für ihre Einsätze optimal ausgerüstet sind." Scholz erklärte dies zu *Zielen*, weil es all das nicht gab. Und sogar diese Ziele sind bescheiden: Ein Militär, dessen Waffensysteme nicht funktionsfähig sind, ist insgesamt nutzlos. Die Bundeswehr war zu Beginn der 2020er Jahre zur Führung eines intensiven zwischenstaatlichen Krieges faktisch nicht in der Lage.

Die militärischen Reaktionen der Bundesregierung auf den Ukrainekrieg erfolgten auf zwei Ebenen: In Bezug auf die Unterstützung der Ukraine ging es um Hilfsmaßnahmen, die eine Niederlage der Ukraine verhindern oder sogar ihren Sieg ermöglichen sollten. Zweitens zielten sie auf die Aufrüstung der Bundeswehr und die Stärkung der NATO, auf eine komplette Neuausrichtung westlicher und deutscher Militärpolitik, um die neue Bedrohung durch Russland mittel- und langfristig einzudämmen. Trotz „Zeitenwende" erfolgten die Maßnahmen in beiden Fällen erstaunlich halbherzig oder widersprüchlich.

Einerseits erhielt die Ukraine in den Jahren 2022–2024 aus Deutschland etwa 13,7 Milliarden Euro aus der sogenannten „Ertüchtigungshilfe", zusätzlich größere Mengen an Waffen und Material aus den Beständen der Bundeswehr. Quantitativ gehört die Bundesrepublik zu den größten Unterstützern der Ukraine – zwar weit nach den USA, aber deutlich vor anderen europäischen Ländern. Andererseits war und ist das häufige Zögern der Bundesregierung bei der Lieferung hochwertiger Waffensysteme bemerkenswert. Kurz nach Kriegsbeginn war nur von der Lieferung von 5.000 Stahlhelmen die Rede, was zu einer Welle aus Heiterkeit, Spott und Entsetzen führte. Später erfolgten die Lieferung von Panzerhaubitzen und Leopard 1 und 2 Kampfpanzern erst nach langem Zögern und wachsendem politischem Druck. Eine Lieferung von Kampfflugzeugen und dem 500 km weit reichenden Marschflugkörper Taurus schließt die Bundesregierung bis heute aus (Stand März 2024). Auch die Menge der gelieferten Rüstungsgüter ist nicht besonders hoch, vor dem Hintergrund der mangelnden Einsatzfähigkeit aber doch noch respektabel (bspw. lieferte die Bundesrepublik 14 ihrer 105 Panzerhaubitzen 2000, von denen aber wohl nur jede Dritte einsatzbereit war: also mehr als ein Drittel der einsatzfähigen Bestände). Allerdings: Angesichts von mehr als 1.000 km Frontlinie in der Ukraine wirken die Stückzahlen nicht besonders eindrucksvoll und sind kaum mehr als ein Tropfen auf den heißen Stein.

Im ersten Kriegsjahr lieferten die EU-Staaten im Durchschnitt 6 Prozent ihrer Großwaffen als Unterstützung an die Ukraine – durchaus relevant, aber gegen einen so großen und hochgerüsteten Gegner wie Russland doch eher bescheiden. Dass deutlich mehr geht, demonstrieren osteuropäische Länder und Großbritannien, die rund 25 Prozent ihrer Bestände lieferten. Auch gemessen an der Wirtschaftskraft liegt das Engagement der EU-Staaten auf sehr unterschiedlichem Niveau. Während die militärische Hilfe Deutschlands bisher bei knapp einem halben Prozent des Bruttosozialprodukts liegt, beträgt sie bei Ländern wie Frankreich, Spanien und Italien teilweise weniger als 0,1 Prozent. Spitzenreiter sind Estland und Dänemark mit 2,6 bzw. 2,3 Prozent. Trotz aller öffentlichen Beschwörungen kann von einer massiven Unterstützung nur sehr eingeschränkt die Rede sein. Teilweise scheint es am politischen Willen zu fehlen, teilweise an den Kapazitäten. So konnte das Versprechen der EU, im Laufe des Jahres 2023 eine Million Artilleriegranaten zu liefern, nicht einmal zur Hälfte eingehalten werden.

Was bedeutet all dies für die Zukunft des Krieges in Europa? *Erstens* wird deutlich, dass Westeuropa weit davon entfernt ist, eine militärische „Zeitenwende" tatsächlich zu vollziehen. Dies ist nicht überraschend: Der alte Feind hatte sich unter Gorbatschow und Jelzin zu einem Partner des Westens entwickelt. Selbst nach dem Machtantritt Putins schien sich in den ersten Jahren kaum etwas zu ändern. Russland war als Exportmarkt und Energielieferant zu einem attraktiven

Wirtschaftspartner geworden. Die zunehmenden autoritären Tendenzen nahm man in Kauf. All dies mag rückblickend seltsam erscheinen, aber das war es nicht. Wenige Beobachter verlangen, dass Deutschland oder Westeuropa die politischen oder Wirtschaftsbeziehungen zu China, Saudi-Arabien, Algerien, den zentralasiatischen Diktaturen und anderen unerfreulichen Partnern abbrechen solle. Ähnliches galt früher für das Putin'sche Russland. Die westliche Menschenrechtsrhetorik galt immer nur für kleine Länder oder solche, die ohnehin als Feinde oder Gegner betrachtet wurden. Niemand kam je auf die Idee, die USA wegen ihres völkerrechtswidrigen Angriffskriegs gegen den Irak (und der dort begangenen Verbrechen) sanktionieren oder boykottieren zu wollen, niemand schlug dergleichen für Israel vor, als das Land nach seiner berechtigten Abwehr des Hamas-Überfalls auf eine Art agierte, die Zehntausende Zivilisten das Leben kostete. Auch eine Sanktionierung Russlands hätte immer auch die eigenen Interessen beschädigt und insbesondere die Energieversorgung beeinträchtigt. So etwas unternehmen wenige Staaten voreilig. Und gegen Russland aufzurüsten, solange man sich nicht selbst direkt bedroht fühlte, erschien wenig sinnvoll – insbesondere, weil man eine Konfrontation dadurch nicht erst provozieren wollte. Die angesprochene „Mentalitätswende" in der Militärpolitik scheint also Zeit zu brauchen. Wie auch auf anderen Politikfeldern sind ein paar Reden führender Politiker kein Ersatz für Taten. Sollte man Russland heute tatsächlich (und nicht nur rhetorisch) als eine existenzielle Bedrohung der europäischen Sicherheit betrachten, müsste man die europäische Sicherheitspolitik radikal umbauen. Wenn solche einschneidenden Veränderungen nicht gewünscht oder nicht möglich sind, wird man die Bedrohung als graduell umdefinieren müssen. Gegenwärtig deutet vieles darauf hin, dass die meisten Regierungen Westeuropas ihre eigenen Streitkräfte und Rüstungsindustrien zwar deutlich stärken wollen, dafür aber nicht bereit sind, die gesellschaftlichen Belastungen massiv zu erhöhen. Angesichts des Aufstiegs rechtspopulistischer und nationalistischer Bewegungen scheint man sich vor einer vertieften Spaltung der eigenen Gesellschaften zu fürchten. Eine solche Politik der begrenzten Aufrüstung kann nur erfolgreich sein, wenn Russland nach dem Ukrainekrieg keine weiteren Aggressionen unternimmt, insbesondere gegen NATO-Mitgliedsländer wie die baltischen Staaten. Das kann zwar gegenwärtig als wahrscheinlich gelten, ist aber alles andere als sicher. Sollte Russland Estland oder Lettland angreifen, käme es zu einem Krieg der NATO gegen Russland. In diesem Fall wären die gegenwärtigen Rüstungsanstrengungen völlig unzureichend. Sollte ein solcher Angriff allerdings ausbleiben, würde der gegenwärtige Kurs im Nachhinein als gerechtfertigt erscheinen.

Zweitens erwies sich die bürokratisch-inkrementelle Herangehensweise bei den Waffenlieferungen an die Ukraine als militärisch schädlich. Im Krieg kommt es nicht darauf an, dass irgendwann irgendetwas geliefert wird, sondern zum richtigen Zeitpunkt eine ausreichende Menge der benötigten Rüstungsgüter. Nichts davon gelang, gemessen an den selbsterklärten Zielen. Eine Zurückhaltung konnte vor Kriegsbeginn noch gerechtfertigt werden: Man wollte die Spannungen in der Region nicht noch verstärken oder Russland überhaupt erst zu einem Angriff provozieren. Und in den ersten Tagen oder Wochen des Krieges konnte man ebenfalls noch zögerlich sein, da fast alle Beobachter mit einem schnellen Zusammenbruch der Ukraine rechneten und Waffenlieferungen dann möglicherweise dem russischen Aggressor in die Hände gefallen wären. Als es der Ukraine allerdings bereits zwischen April/Mai und dem Herbst/Winter 2022 gelang, die russischen Truppen aus den Regionen nördlich und nordöstlich von Kiew, um Charkiw und aus Cherson zu vertreiben, wurde die Option eines ukrainischen Sieges denkbar. Genau in dieser Situation hätte die Ukraine ungeheure Mengen an Rüstungsgütern benötigt, um den Druck auf die russischen Truppen aufrechterhalten und noch verstärken zu können. Stattdessen kam es genau jetzt zu den oft quälenden Debatten, ob bestimmte Waffensysteme geliefert werden sollten – insbesondere Kampfpanzer, größere bzw. weitreichende Artillerie, Raketenwerfer bzw. Marschflugkörper oder Kampfflugzeuge. Die meisten dieser Waffen wurden am Ende doch geliefert, aber nach oft langen Verzögerungen und in völlig ungenügender Stückzahl.

Das Zögern wurde mit zwei Argumenten gerechtfertigt: Einmal wollten die westlichen Staaten nicht Teil des Ukrainekrieges werden und in eine direkte Konfrontation mit Russland geraten; zweitens sollte die Ukraine keine Waffen bekommen, die auch russisches Staatsgebiet treffen könnten. Beide Argumente überzeugten nicht: Die westlichen Länder waren ohnehin tief in den Krieg involviert – ohne deren finanzielle und militärische Hilfe wäre die Ukraine zur Fortsetzung des Krieges nicht lange in der Lage gewesen. Und

Angriffe der Ukraine auf russisches Staatsgebiet mit westlichen Waffen wären durch entsprechende Abkommen oder technische Vorrichtungen auszuschließen gewesen. Das Zögern verschaffte den russischen Truppen Zeit, sich umzugruppieren und im Osten der Ukraine umfangreiche und tief gestaffelte Verteidigungsstellungen aufzubauen. Genau an diesen scheiterte die Offensive der Ukraine zur Rückeroberung ihres verlorenen Territoriums im Jahr 2023.

Drittens: Die strategische Ausgangslage der Ukraine gegenüber Russland ist höchst ungünstig. Einerseits ist die gesamte militärisch relevante Infrastruktur der Ukraine durch die russische Luftwaffe, Raketenbeschuss, Drohnen und Marschflugkörper bedroht, während umgekehrt der größte Teil der russischen Militärinfrastruktur außerhalb der Reichweite ukrainischer Waffen liegt. Ihr sind allenfalls Nadelstiche durch den Einsatz kleinerer Drohnen möglich. Andererseits ist Russland der Ukraine in entscheidenden Faktoren haushoch überlegen. Den 144 Millionen russischen Staatsbürgern stehen nur 38 Millionen Ukrainer gegenüber, ein großer Vorteil bei der Möglichkeit der Rekrutierung von Soldaten. Auch der Anteil junger Menschen ist in Russland etwas höher. Darüber hinaus übertrifft die Wirtschaftskraft Russlands die der Ukraine bei weitem – pro Person, aber erst recht absolut. Beides sind, wie wir gesehen haben, entscheidende Vorteile bei zwischenstaatlichen Kriegen – und insbesondere bei einem Abnutzungskrieg mit hohen Verlusten auf beiden Seiten, wie es ihn seit 2023 gibt. Dann geht es vor allem darum, wer seine Verluste besser auffüllen, mit anderen Worten, wer die Größe und Feuerkraft seines Militärs besser aufrechterhalten und steigern kann. Und in dieser zentralen Frage ist die Ukraine Russland eindeutig unterlegen – die Zeit ist deshalb auf der Seite der Angreifer. Unter den gegebenen Umständen braucht Russland den Krieg nur weiterzuführen, bis der Ukraine die Mittel und die Kraft ausgehen. Genau an diesem Punkt gewinnt die westliche Militärhilfe ihre Bedeutung. Solange die westlichen Staaten keine eigenen Truppen in die Ukraine entsenden möchten (was der französische Präsident Macron zwar jüngst nicht mehr ausschließen wollte, aber weiter sehr unwahrscheinlich bleibt), hilft nur eine dramatische Steigerung ihrer Feuerkraft – quantitativ und qualitativ, um den Nachteil in Sachen Truppenstärke auszugleichen. Dafür wären massive Lieferungen von Waffen, Munition und Militärmaterial nötig. Nur wenn die Ukraine über mehr (und schnellere und präzisere) Feuerkraft als Russland verfügt, hat sie eine Chance, ihre Unterlegenheit bei der Truppenstärke auszugleichen und den Krieg für sich zu entscheiden oder zumindest nicht zu verlieren.

Viertens: Das gegenwärtige Niveau einer quantitativ wie auch qualitativ unzureichenden Unterstützung der Ukraine dürfte dazu führen, dass die Ukraine den Krieg zwar noch einige Zeit wird durchhalten können, aber keine Chance zu einem Sieg besitzt. Sollte der Krieg unter diesen Umständen noch jahrelang weitergeführt werden, dann käme es entweder zu einem Stillstand oder – wahrscheinlicher – zu einem Waffenstillstand oder Friedensschluss, bei dem Russland die eroberten Gebiete dauerhaft behalten würde. Ein solches Ergebnis ließe sich nur vermeiden, wenn die westlichen Länder die Ukraine doch noch massiv aufrüsten, und zwar *bevor* die ukrainische Armee zu hohe Verluste erleidet und ihre Kampffähigkeit verliert. Unbegrenzte Munitionsvorräte, insbesondere an Artilleriemunition, weitreichende Waffensysteme (auch bunkerbrechende zur Zerstörung von Kommandozentralen und anderen Militäreinrichtungen hinter der Front sowie von Nachschublinien), zusätzliche Luftabwehrsysteme, Drohnen unterschiedlicher Kategorien, Kampfflugzeuge, Gerät zur großflächigen Minenräumung und anderes Material in großer Menge sind Grundvoraussetzungen, um die quantitative Überlegenheit Russlands auszugleichen. Die Wirksamkeit solcher Hilfe hängt aber nicht allein von ihrem Umfang und Qualität ab, sondern auch vom Zeitpunkt. Sie wäre im Herbst 2022 am wirksamsten gewesen. Dann hätte man den Bau der starken Verteidigungsanlagen Russlands in der Ostukraine be- oder verhindern können und eine erfolgreiche Offensive im Frühjahr und Sommer 2023 ermöglicht.

Strategisch verfügt die westliche Politik über drei prinzipielle Möglichkeiten: Sie kann die Ukraine sich selbst überlassen, einen russischen Sieg abwarten und sich darauf einstellen. Dies ist erkennbar nicht gewollt. Zweitens kann sie einen ukrainischen Sieg anstreben, was allerdings nur gelingen kann, wenn die oben erwähnten faktisch unbegrenzten Mengen an Waffen, Munition und anderem Material (plus zivile Hilfe) schnell geliefert werden. Drittens kann sie auf die Eindämmung eines weiteren russischen Vordringens zielen, was auch bei einem „Einfrieren" des Krieges gewährleistet wäre. In diesem Fall könnten die Lieferungen an die Ukraine geringer sein – nur ausreichend dafür, dass die

Ukraine den Krieg nicht verliert, aber ohne eine Chance, die von Russland besetzten Gebiete zurückzuerobern.

Gegenwärtig scheint die westliche – und die deutsche – Politik sich immer noch nicht zwischen der zweiten und der dritten Strategieoption entschieden zu haben. Ob das Ziel ein Sieg der Ukraine oder nur das Vermeiden ihrer Niederlage ist, auf das unvermeidlich ein geografischer Kompromiss mit Russland folgen müsste, ist weiter unklar und zunehmend umstritten. Die politische Rhetorik handelt oft weiterhin vom „Sieg" der Ukraine, zugleich aber auch von einem „Einfrieren" des Krieges. Der Umfang der Militärhilfe dagegen deutet deutlich auf die Strategie hin, sich in der militärischen Sackgasse einzurichten. Sollte dieser Kurs beibehalten werden, dann dürften in einigen Jahren beide Kriegsparteien ausgeblutet und erschöpft sein. In diesem Fall müsste der Krieg durch einen Kompromiss enden, bei dem Russland die annektierte Krim und wohl Teile der seit 2022 eroberten Gebiete behalten würde.

Weiten wir den Blick nun von der Ukraine auf die Architektur der gesamten europäischen Sicherheit, dann sind bereits heute manche Umbrüche erkennbar, andere offen. Russland befindet sich heute in einer strategisch weit schlechteren Position als vor seinem Angriff auf die Ukraine. Erstens sind als Reaktion die früher neutralen Länder Finnland und Schweden inzwischen der NATO beigetreten, wodurch fast die gesamte Ostsee zu einem NATO-Binnenmeer wurde. Zweitens wird die Ukraine aufgrund der Erfahrung des russischen Überfalls – mit oder ohne die heute von Russland besetzten Gebiete – auf Dauer eine konsequent anti-russische Politik betreiben und mittel- oder längerfristig ebenfalls der NATO beitreten. Damit wäre etwas eingetreten, was Putin durch seinen Krieg hatte verhindern wollen (auch wenn es noch weitere Kriegsziele gab). Drittens werden die Länder Westeuropas Russland in Zukunft primär als strategisch Bedrohung wahrnehmen – mit dem Ergebnis einer Begrenzung der Wirtschaftskooperation und der Aufrüstung westeuropäischer Streitkräfte. Viertens spielen längerfristige wirtschaftspolitische Fragen eine Rolle. In den beiden ersten Kriegsjahren ist es Russland gut gelungen, die Folgen der westlichen Wirtschaftssanktionen zu unterlaufen – durch Nutzung dritter Länder wie der Türkei, Dubais, Indiens und vor allem Chinas sowie durch die Ausdehnung der heimischen Rüstungsproduktion. Trotzdem kann das Wegbrechen der für Russland wichtigsten Region bei Energie- und Rohstoffexporten und Technologie- und anderen Importen auf Dauer nicht ohne Folgen bleiben. Die Hauptgefahr für Russland besteht aber darin, die Unabhängigkeit von der westlichen Wirtschaft durch die wirtschaftliche und politische Abhängigkeit von China zu erkaufen.

Aus der Sicht der Länder Westeuropas stellt sich die militärpolitische Situation nicht weniger kompliziert dar. Erstens muss Westeuropa die Frage beantworten, ob Russland auch jenseits des Ukrainekriegs eine dauerhafte strategische Bedrohung ist. Falls ja, werden die westeuropäischen Länder keine andere Wahl haben, als sowohl konventionell wie atomar so massiv aufzurüsten, dass sie einer Erpressung, dem Druck oder sogar einem Krieg Russlands widerstehen könnten. Nicht nur das Militär, sondern auch die Volkswirtschaften Westeuropas müssten dafür kriegsfähig werden. Doch damit wären hohe politische und wirtschaftliche Kosten verbunden. Deshalb ist ein solcher Weg nur realistisch, wenn die Bedrohung durch Russland nicht vage und abstrakt bleibt, sondern von der Mehrheit der Bevölkerung nachvollzogen werden kann. Dies hängt auch von der weiteren Entwicklung des Krieges in der Ukraine ab. Zweitens hängt vieles davon ab, in welchem Maße die USA ihr Engagement in Europa aufrechterhalten werden. Werden sich die Europäer allein oder an der Seite der USA einer russischen Bedrohung gegenübersehen? Sollte der ehemalige Präsident Trump wieder die Regierung übernehmen, darf ein deutlich vermindertes Interesse an europäischen Angelegenheiten unterstellt werden, aber auch bei einer zweiten Amtszeit Bidens wird es abnehmen, wenn auch deutlich langsamer. Drittens hängt vieles von der Geschlossenheit und Handlungsfähigkeit der europäischen Länder ab, sowohl im Inneren also auch gemeinsam, in der EU und ggf. der NATO. Die zu erwartenden Belastungen wären nur zu bewältigen, wenn sie von den betroffenen Ländern gemeinsam getragen würden – und nicht zur Spaltung deren Gesellschaft führten.

Bei allen Eventualitäten ist jedoch klar: Die Weltlage insgesamt ist deutlich unsicherer geworden. Zum ersten Mal seit dem Zweiten Weltkrieg erlebt Europa einen großen Landkrieg, mit Hunderttausenden von Opfern. Selbst die Gefahr einer weiteren Eskalation und weiterer Kriege – in Europa, Asien und anderswo – ist nicht länger von der Hand zu weisen. Die europäischen Länder bemühen sich gerade mit gemischtem Erfolg darum, sich an diese neue Situation anzupassen, wobei eine Veränderung der Militärpolitik im Zentrum steht. Es wird aber auch höchste Zeit, neu über Kriegsverhinderung (anstatt nur über Kriegsfähigkeit) nachzudenken. Die ohnehin fragile und widersprüchliche Zivilisierung von Politik nach dem Zweiten Weltkrieg hat durch den russischen Angriffskrieg einen schweren Rückschlag erlitten. Auch wenn kein Weg daran vorbei führt, sich auf diese neue Lage einzustellen, so wäre es ein schwerer Fehler, nun das eigene Denken und die eigene Politik zu militarisieren. Schon Clausewitz wies vor fast 200 Jahren darauf hin, dass Krieg zwar ein Mittel der Politik sei, aber nicht deren Ersatz sein dürfe. Wir brauen dringend neue Wege, zukünftige Konflikte zwischen Staaten friedlich – also ohne Krieg – zu bewältigen. Einer der Ausgangspunkte sollte in einem vertieften Verständnis liegen, wie Krieg funktioniert und wozu er führen kann. Dazu hat dieses Buch hoffentlich seinen Beitrag geleistet.

Literatur

Zitierte Werke

Bernhardi, Friedrich von: Deutschland und der nächste Krieg, Stuttgart/Berlin 1912.

Clausewitz, Carl von: Vom Kriege, Berlin 1832.

Institute for Economics and Peace: Global Peace Index 2023. Measuring Peace in a Complex World, Sydney 2023, URL: https://www.visionofhumanity.org/wp-content/uploads/2023/06/GPI-2023-Web.pdf [Zugriff: 06.02.2024].

Jünger, Ernst: Der Kampf als inneres Erlebnis, Berlin 1926.

Lawrence, Philip K.: Modernity and War. The Creed of Absolute Violence, Basingstoke/London 1997.

Münkler, Herfried: Krieg oder Frieden. Wie beginnen bewaffnete Konflikte? Und wie lassen sie sich beenden?, in: ZEIT-Geschichte 6/2023, S. 16–21.

Weiterführende Literatur

Grossman, Dave: On Killing. The Psychological Cost of Learning to Kill in War and Society, New York/Boston 1995.

Hippler, Jochen: Counterinsurgency – Theorien unkonventioneller Kriegführung: Callwell, Thompson, Smith und das US Army Field Manual 3-24, in: Jäger, Thomas/Beckmann, Rasmus (Hrsg.), Handbuch Kriegstheorien, Wiesbaden 2011, S. 256–283.

Hippler, Jochen: Krieg im 21. Jahrhundert. Militärische Gewalt, Aufstandsbekämpfung und humanitäre Intervention, Wien 2019.

Kelly, Raymond C.: Warless Societies and the Origin of War, Ann Arbor 2000.

Langewiesche, Dieter: Der gewaltsame Lehrer. Europas Kriege in der Moderne, München 2019.

Scharre, Paul: Army of None. Autonomous Weapons and the Future of War, New York/London 2018.

Showalter, Dennis E. (Hrsg.): The Encyclopedia of Warfare, London 2014.

Smith, Rupert: The Utility of Force. The Art of War in the Modern World, London 2006.

Die **Kohlhammer Trilogien** – Gesellschaftsthemen aus verschiedenen Perspektiven beleuchtet!

Die Sachbuchreihe **Kohlhammer Trilogien** behandelt aktuelle gesellschaftliche Themen in drei Bänden aus unterschiedlichen Perspektiven. Die Bücher bieten abgesicherte Hintergrundinformationen und gecheckte Fakten. Die Inhalte sind knapp, verständlich und journalistisch geschrieben – kurz: spannend.

Sie können die Bände einzeln beziehen oder im Paket zum Vorteilspreis.

Band 1
Jochen Hippler
Logik und Schrecken des Krieges
Ca. 182 Seiten mit 3 Abb., fester Einband
ISBN 978-3-17-043429-5
Ca. € 18,– (D) / ca. CHF 22,– / ca. € 19,– (A)

Band 2
Pascal Beucker
Pazifismus - ein Irrweg?
Ca. 178 Seiten mit 3 Abb., fester Einband
ISBN 978-3-17-043432-5
Ca. € 18,– (D) / ca. CHF 22,– / ca. € 19,– (A)

Band 3
Hartwig von Schubert
Den Frieden verteidigen
Ca. 175 Seiten mit 3 Abb., fester Einband
ISBN 978-3-17-043426-4
Ca. € 18,– (D) / ca. CHF 22,– / ca. € 19,– (A)

**Paket der drei Bände
zum Vorteilspreis
„Von Krieg und Frieden"**
Ca. 450 Seiten, fester Einband
ISBN 978-3-17-044695-3
Ca. € 45,– (D) / ca. CHF 54,– / ca. € 46,– (A)

Weitere Informationen unter **shop.kohlhammer.de**